メタ思考

「頭のいい人」の
思考法を身につける

META THINKING

澤円
株式会社圓窓　代表取締役

大和書房

はじめに

自分の人生を自由にデザインしよう

「将来に不安を感じるが、何をしたらいいのかわからない」

「ずっと今の会社にいていいのだろうか」

「ＡＩとかＮＦＴとか仮想通貨とか、ついていけないんだけど」

僕は日々、さまざまなビジネスパーソンと出会いますが、こうした悩みや課題を持つ人が、今とても増えていると感じます。

ＡＩの進化やweb3.0の到来による変化のめまぐるしい世の中では、もはや安定した仕事や正解を出し続けられるリーダーもほとんどいないといっていいでしょう。

このように正解やルールがどんどん変わる時代に、自分の立ち位置が見えずに不安を覚えるのは当然のことです。そのうえ会社というひとつの場所の中にいるだけでは先が見通せず、ストレスを感じることもあるでしょう。

ですから、僕が本書でおすすめするのは「**視点を変える**」ということです。

会社という小さな枠の中で考えるのではなく、社会という大きな広場にいる自分の立ち位置を客観的に把握するのです。

会社では「若手」の立場でも、広い社会から見たら自分で判断して行動する一人前の経験を有していることもあります。会社ではいい評価をされていると感じていても、社会的には同年齢の人と比べて給料が低くおさえられている、ということに気づくこともあるかもしれません。

こうした視点で物事をとらえ直すことを、「メタ思考」といいます。メタ思考とは、自分の認知活動（行動や考え方）や性格を俯瞰で見て認識する活動のことで、本書ではこのメタ思考の力をつけていくことをテーマにしていきます。

「外」の視点を獲得すれば、今自分がいるひとつの世界の中で他者との比較に苦しむのではなく、自分がいかに小さい場所でちょっとした差に過敏になっているか、その視野狭窄に気づくことができます。そして、**ひとつの価値観に縛られずに自分が面白いと感じることに正直に、より自由に生きられる**。僕はそう考えています。

実際のビジネスを見ても、今は既存のビジネスの「外」へ出ていく、「ゲームチェンジャー」と呼ばれる企業が著しく成長しているのは明らかです。ゲームチェンジャーとは、ひとつのルールの中で勝ち負けを競うのではなく、ゲームそのものを変えてしまう人や企業のことをいいます。たとえば音源を収録したCDを売るのではなく、音源は配信サービスとして無料で提供しながら、広告収入として利益を得るかたちに、ビジネスそのものを変化させる人や企業などです。同様に僕はみなさんに、**自分の人生のゲームチェンジャーになってほしい**と思っています。

こんな時代には、もはやひとつのジャンルで優劣をつける意味はありません。どうせ二分法を使うなら、「優／劣」ではなく、仕事や人生を「面白いか／面白くないか」で選択したほうが、もっとハッピーになれる、そんな時代に生きているのです。

このような時代を生き抜くのに役立つのが、今の僕が選んでいる働き方・生き方のスタイルでもある「エイリアス」という概念です。

エイリアスとは、「別名」や「リンク機能」という意味ですが、簡単にいうと会社にいる自分や仕事をしている自分など、**特定の場所にいる自分それぞれを、自分の名前をまとった分身としてとらえる**考え方です。

つまり、今の会社や組織、コミュニティなどにいる自分を、自分の人生やアイデンティティと同一化する必要はまったくないということ。

そうではなく、「会社には、わたしという機能の一部を提供している」「この場所では違うエイリアスに動いてもらう」というように、**自分の人生をより自由に、もっと柔軟にデザインしていくあり方**なのです。

序章では、まずそんな「エイリアス」の概念を紹介し、今いる小さな世界の「外の視点」を得るための、前提となる考え方を紹介します。

続く第1章では、実際に既存のビジネスの「外」へ出て活躍している、ゲームチェンジャーと呼ばれる企業や個人の実例を紹介します。

そして第2章では、みなさんが実際に人生を変えていく際にボトルネックとなり得る「思い込み」をチェックします。頑張っているのにうまくいかないときは、自分の偏った「思い込み」にとらわれている場合がとても多いからです。

第3章と第4章は、大きく「働き方」についてです。個人の可能性を解放して、幸せに働くためのヒントや、よりよいマネジメントのあり方について具体的に紹介していきます。

第5章では、多くの人の悩みの原因ともいえる、「人間関係」の問題を解消していく方法を考えていきます。

最後の第6章では、ストレスを手放して、もっと心身をラクにして生きていくための手がかりを、僕の経験をもとにお伝えします。

本書で紹介するメタ思考を参考にしてもらえれば、自分の中に「余裕」が生まれます。

余裕があれば、自分のことはもとより、ビジネスや人間関係の状態を客観的にとらえ直すことができ、問題の本質に気づいたり、課題に対して適切な行動をとれるようになります。

自ら課題を見出して、自らの力で解決できるようになると、仕事や生活がうまくいくだけでなく、なにより気持ちをラクにして生きていくことができます。

ポイントは視点をどこに持つか、だけです。

これからは、メタ思考で自分の人生を自由にデザインしていきましょう。

目次

第1章

正解にとらわれない観察力

第2章

思い込みから自由になる思考法

第3章

課題を発見していく認知力

第4章 新時代のマネジメント作法

第5章

視野を広げる人間関係術

第6章 ストレスをなくすシェア力

序章

ルールに縛られない発想力

自分が勝てるルールを自分でつくる

最近、僕は企業内研修の講師などをする機会が多いのですが、企業に属する複数のビジネスパーソンに話を聞くと、「自分だけ一生懸命働いても損するだけじゃないか」という考えや、「会社は自分を正しく評価してくれていないのでは」といった悩みを持っている人たちにたくさん出会います。

それぞれ、その人にとって深い悩みの種であるわけですが、つまるところ、会社に所属することが、イコール「会社のルールの中でやっていかなくてはならない」という意味で受け取っている人が多いようなのです。

でも僕は、**ひとつの会社の中でポジションや評価にこだわることは、人生にとって極めて小さな話**だと思います。

自分の人生をよりよいものにしたいとき、会社というひとつの場所の中だけで考えていても、あまり意味がないことだと思うのです。

これがスポーツの世界なら話は違ってきます。スポーツの根源は、「同じルールの中で競い合い、勝負をつける」という点にあるからです。

たとえばサッカーなら、11人対11人で、ボール1個で行うというルールが決まっているから、ゲームとして成立します。「日本人は平均身長が低いから12人でやらせてくれ」といっても、通用しません。ゲームが公平に成立しないからです。

そのため、スポーツならルール内でなんとかしようとするのはわかるのですが、それをそのままビジネスや人生には適用できません。

サッカー選手として疑問の余地なく優秀だとみなされる選手が人生においてどうなのかと考えると、選手引退後もコーチとしてサッカーに関われたら幸せなのか、それとも素晴らしい伴侶を得たほうが幸せなのか、判断基準がまったく異なるからです。

要するに、**あるひとつのルールの中で勝ったからといって、それがそのまま人生の勝利につながるわけではない**。この自明のことが、こと会社や仕事となると、案外混同しがちな人が多いという印象があります。

ここで、本書のコアの部分に触れますが、僕はみなさんに、**自分の人生において「毎日**

優勝」**してほしい**と考えています。

そもそも勝敗で考える必要もないことではありますが、「優勝」って言われたら悪い気はしませんよね？　自分の人生において毎日優勝する。つまりそれは、**人生では**「**自分が絶対に負けないルールを自分でつくっていい**」ということ。同じルールで縛られた競争に参加しなければいいのです。

そしてもうひとつ、**競技人口が常にひとりである**ことも大切です。そうすれば、絶対に負けません。ぶっちぎりの優勝です。

多くの人の悩みを聞いていると、結局行き着くのは「**他者との比較**」にとらわれているということです。「毎日がしんどい」という苦しみ、「仕事が楽しくない」という不満、「将来の道が見えない」という不安、「あの人が許せない」という怒り……。そんな感情の裏には、実は他者との比較が必ず含まれています。

でも、「他人と比較をするのをやめましょう」といっても、それはとても難しい。なぜなら、そもそも人間の脳は、そのようにプログラムされているからです。

シロクマを使った実験から「シロクマ効果」と呼ばれますが、人間には禁止されるほど、そのことを考えてしまう性質があります。「シロクマを絶対に想像しないで！」といわれたら、ほとんどの人の頭の中がシロクマでいっぱいになってしまう。想像するなといわれることで、逆に、ことあるごとに思い出そうとしてしまうのです。甘いお菓子やタバコをやめるのが難しい理由にも通じています。これは「皮肉過程理論」という心理学の論文でも解明されています。

つまり人間の脳はそのようにできているので、「他人と比べないように」とアドバイスされても、あまり役に立ちません。むしろ、ますます比べてしまう。ならば、どうすればいいか？

頭でただ願うのではなく、能動的かつ具体的なアクションに変える必要があります。そのアイデアのひとつが、「**自分ひとりだけで楽しめるルールを考える**」ことです。

他人と比較しながら、なにかで優勝しようとしても疲弊するだけです。そもそも、他人と比較することは人間の本能でもあり、頭で「他人と比べないようにしよう」と思っていてもなかなか難しい。

だからこそ、「自分しかいない競技をつくる」という具体的なアクションに切り替えてしまうのが有効なのです。

複数の自分を使い分ければ消耗しない

「でも、会社員だとそういうわけにはいかないでしょう」とか「同僚とどうしても比べてしまう」という人もいると思います。

では、なぜ会社という場所になると、自分のすべてをいとも簡単に預けてしまうのでしょう？　なぜそこに自分のアイデンティティが絡め取られてしまうのでしょうか？　人生でたくさんの時間を過ごす場所だから？　人生の意味を見出す場所だから？

僕は、**そんなものは「エイリアス」でいい**じゃないかと思うのです。

たとえば、会社にいるときの自分は、自分の名前をまとったエイリアスとして、「わたしの一部の機能を提供しているに過ぎない」と考えればいいのです。そうすると、かなり気持ちがラクになりませんか？

会社の中にいる自分や、仕事をしている自分を、自分の人生とイコールにする必要はま

ったくありません。 ましてや、会社の中での評価や出世競争などは、ただのゲームに過ぎないと考えるのです。

それこそプロスポーツ選手であっても、世界チャンピオンになれなかったからといって、「人としてダメだ」なんて誰もいいませんよね。

僕たちだって同じです。会社にいる自分も、リーダーやマネージャーと話す自分も、チームメンバーと会議をする自分も、すべて「自分のエイリアスが動いているだけ」と考えればいい。

自分の人生は、あくまで自分がデザインするものであり、**もっと自由に自分の人生を定義していい**と思うのです。

自分のエイリアスを複数持つということは、別の人格をつくることでも、違う自分を演じることでもありません。また、単なる自分の分身ですから、エイリアスに自分のアイデンティティ自体は含まれません。

エイリアスは別名や仮名、偽名のことで、あくまでも「印」という意味です。ちなみに、ＭａｃＯＳでは「リンク機能」を指しています。ただのリンクですから、仮に削除してもファイル本体には何の影響も出ませんし、いくつでも増やすことができます。

つまり、エイリアスは、自分の人格の一部ではありますが、アイデンティティとは切り離した機能だけの自分ということ。自分とリンクしているけれど、自分と一体化はしていない。エイリアスからたどっていけば自分のところにたどり着く、単なる「道しるべ」のようなイメージです。

それは自分の意思でいつでも切り離すことができると考えればいいし、だからこそ、**いろいろな場所で自分の機能として役目をはたせる**のです。

さらに、あくまでもエイリアスなのだから、**ある領域でろくでもない評価を受けたとしても、別に自分自身が棄損するわけではない**。エイリアスとして振る舞えば、自分をいたずらに傷つけずに、もっと自由に生きていけるというわけです。

成功体験を捨てるほど身軽になれる

「エイリアス」なんて、ちょっと突飛な話に感じたかもしれません。

僕が、自分のエイリアスを意識しはじめたのは、30代前半から半ばにかけての頃でした。

それ以前の若いときも、毎日あくせく働く中で、「これって本当の自分じゃない」「僕の人生はどこか別のところにあるのだろう」といった思いを、心のどこかでずっと感じていました。でも、「会社で働く今の自分はエイリアスに過ぎない」と、はっきり認識していたわけではありません。それゆえに**「仕事ができない自分」と本当の自分とをうまく切り離すことができず、とても苦しんでいた**のです。

28歳でマイクロソフト株式会社（現、日本マイクロソフト株式会社）に転職した頃も、能力やスキルが不足していて、けっして仕事ができるビジネスパーソンではありませんでした。マネージャーにも恵まれない時期が続き、毎日きつい言葉を吐かれて傷ついているのに、実力不足を自覚しているから言い返すこともできず、自分でも自分を追い詰めていました。「僕は仕事ができない……」「自分はダメな人間なんだ……」と思っていたわけです。

ただ、そんな鬱々とした日々をなんとかやり過ごした後、30代前半になった頃から、すばらしいマネージャーたちと出会い、僕を応援してくれる顧客にも恵まれて、仕事をしているときに「自分は自分のままでいいんだ！」と思える瞬間が現れはじめました。

そして、このうまくいきはじめた頃から、**「仕事に人生を賭している」という感覚が少**

しずつ薄れはじめたのです。

マイクロソフトで働く自分は、あくまでマイクロソフトという器を使った自分の分身の振る舞いに過ぎないという感覚が芽生えはじめ、その分身と本当の自分とがうまくリンクするようになってきたことで、無意味に自分を追い込むことがなくなっていったのです。これは仕事がうまくまわってきたことで、自分をメタ思考する余裕ができたからこそ持てた感覚だったと思います。

でも、**仕事がうまくいってないときは、たいていの場合、そのうまくいっていない自分と自分のアイデンティティを同一視しているもの**です。それゆえに、「わたしはできない人間だ」などと自分を追い込んでしまうわけです。

また逆に成功体験でも、同じように自分を不自由にしてしまうことがあります。

たとえば、ある仕事で成功体験ができたら、「自分の生き方はこれだ！」「このやり方なら失敗しない！」と、しがみついてしまうことはないでしょうか？

失敗するのは誰しも嫌なものです。うまくいっているものがダメになるって、すごく嫌なことですからね。でも、これもスポーツにたとえるとわかりやすいのですが、連勝記録はいずれ途絶えます。僕はずっと格闘技が好きで見ているのですが、相撲でもボクシングでも、その時代、時代に最強のヒーローが現れて、連勝記録を伸ばしていました。でも、残念ながら、どの人も一生勝ち続けることはできないのです。むしろ、**連勝すればするほど、それが途絶えることに対する恐れが強くなっていく**のが見てとれることもありました。

僕自身、いったんうまくいきはじめると、それにこだわって同じことばかり繰り返そうとする自分に、心のどこかで気づいていました。でも、格闘技を通して連勝記録は必ずストップすることを学んでいたので、失敗を恐れて新しい挑戦ができなくなるのは嫌だなと、本能的に感じていたのです。

そのため、たとえ**仕事で成功しても、それは複数あるエイリアスのひとりの機能に過ぎないのだから、さっさと違う場所（仕事）へシフトしよう**という考え方になりました。

自分のキャリアにおいて、「これはうまくいった」と思ったら、それはある意味では一度勝ったわけだから、ゲームを替えて別の場所にいく。自分が得たタイトルは返上して、防衛戦は行わない。どんどん切り離して別の仕事へと進んでいく。そうしたら、タイトルを奪われることもないのです。

このように成功体験に縛られずに新しい場所へと進んでいくマインドは、どんな人も意識すれば持てるようになると思います。そして実は、**成功体験を手放せば手放すほど、自分の気持ちはラクになっていきます。**

こだわらなければ、僕たちはもっと自由に選択できるのです。

「得意なこと」をかけ合わせて個性をつくる

エイリアスの概念は仕事でも生活でもあらゆる場面で効果的に使えると、僕は考えていますが、仕事に関する具体的なメリットでは、なにより「**複業**」**がしやすくなる**ことがあげられます。「複業」とは、「副業」のようにメインの仕事があってサブで別の仕事をするというより、**複数の本業を並行して行う**ことをいいます。

僕は現在、9社の企業と業務委託契約を結び、ふたつの大学で講義を担当しています。だから、株式会社日立製作所に行くときは、日立の「中の人」として振る舞い、鹿島建設株式会社に行くときは、鹿島の「中の人」として振る舞うわけです。

もちろん、ほかにも講演やセミナー、対談、執筆などのお声がけがあり、どれも本業ですから、もうエイリアスだらけで毎日が成り立っている状態です。

それぞれがエイリアスなので、僕が与える印象は場所によってまったく違うケースもあり得ます。それは期待値の違いとも言い換えられるかもしれませんが、ある会社では「テクノロジーに詳しい人」という面が目立つかもしれないし、ある場所では「マネジメントに詳しい人」となることもあります。

もちろん、どんなエイリアスを組み合わせてもかまいません。以前「ニューズピックス」でローランドさんと対談したときは、僕のエイリアスは「多拠点生活をしている人」であり、かつプレゼンが得意なので「人前で話ができる人」というエイリアスのかけ合わせでした。

ポイントは、このとき「テクノロジーに詳しい人」や「マネジメントに詳しい人」といった面は必要なく、そのエイリアスは顔を出してないということです。**時と場所によって、かけ合わせはまったく自由に選択すればいい**のです。

このスタイルに慣れてくると、**まるで自分を使ったゲームをしている感覚で、複数のエイリアスを、その都度適切な複数の場所に置きながら、同時並行で、軽やかに行動できる**ようになっていきます。

また、**それくらい自分を「メタ思考」できるようになると、会社生活のストレスは相当軽減される**はずです。

エイリアスが増えれば増えるほど、ひとつの会社でのエイリアスは相対的に小さくなるので、**その会社での仕事がうまくいかなくなったときの、自分なりのリスクヘッジにもなる**でしょう。複業のエイリアスは、収入だけでなくメンタルにとってもプラスになるということです。

昨今、プライベートのことで叩かれる芸能人やスポーツ選手も多く見られます。僕個人は、法律を破ったわけでもないのならプライベートで何をしても関係ないと思っていますが、騒いでいる人たちは、一個人にどんな場面でも完全に一致したひとつの人格を求める傾向にあるようです。そんなふうに期待値が勝手に上がる状況でもリスクヘッジできるように、複数のエイリアスを持っておくことは、自分の心を守るうえで最強の方法です。

好きなことを、好きなときに、好きなようにやる

今後のことを考えた際、社員が「複業」することを前提に雇用契約を結ばない会社は、どんどん廃れていくと僕は見ています。

すでに、**正規雇用と終身雇用を前提にした同じ会社の名刺ひとつのキャリアは、日本ですら崩壊しつつあります。**

もちろん、海外ではそんなモデルはとうの昔に終わり、『LIFE SHIFT——100年時代の人生戦略』（東洋経済新報社）の著者であるイギリスの組織論学者リンダ・グラットンは、一生のうちに数回転職したり、同時に複数の会社に所属したり、自分の時間とスキルを自由に提供して仕事をする世界が到来したと主張しています。彼女はそれを「マルチステージ」と表現していますが、これは僕が述べてきたエイリアスの概念とも相性がよく、この流れは今後ますます顕在化してくると考えています。

それにはいろいろな理由があげられますが、分散型ネットワークであるWeb3.0の時代の到来とも大きく関係しています。

Web3.0とは、HPを作成する人、それを読みに来る人の間で情報が一方通行だったWeb1.0の時代から、今のようにX（旧Twitter）やInstagramなどのように用意されたプラットフォームに集まって双方向に情報をやりとりするWeb2.0を経て、情報の流れは双方向でありながら、分散型になっていく時代をいいます。これまでのように大手のプラットフォーム会社が情報を独占することなく、より個の集合体としてのコミュニティの色が強まっていくでしょう。

つまり、**Web3.0の時代をひとことで表すと、「個の時代」の到来**です。

ブロックチェーン技術の発展により、ありとあらゆるものが、中央集権型からコミュニティ型に変わっていくので、そこでは、**個人が自分の特性やスキルを活かして、ひとつの場所にとらわれることなく、自由に活動できる**のが特徴です。

だからといって、「今すぐ複数の仕事をすべきです」なんていうつもりはありません。

ここで僕がシンプルに提示したいのは、どこにいても「**好きなことを、好きなときに、好きなようにやる**」**ほうが、個人のパフォーマンスが最大限に発揮でき、結局は他者からの**

期待にも応えやすくなる時代になったという本質です。

繰り返しになりますが、会社は働く場所であり、ただの「器」に過ぎません。自分の人生やアイデンティティを丸ごと預けたり、同一化したりする場所ではないのです。

僕たちは、会社という「器」を使いながらも、自分の得意なことを組み合わせて、エイリアスとして自由に働き、振る舞えばいいのです。

そして、そんな個人や、個人が集う企業こそが、次章で述べる世の中を劇的に変えていく「ゲームチェンジャー」となるのです。

第1章

正解にとらわれない観察力

「ものさし」が複数ある時代

価値観が多様になった時代のわかりやすいひとつの例を紹介しましょう。それは、「スポーツ弱者を、世界からなくす」を理念に活動している「世界ゆるスポーツ協会」です。「ゆるスポーツ」とは、簡単にいうと、「自分で勝手にルールをつくって行うスポーツ」のこと。年齢や性別、運動神経などに関係なく、誰もが楽しめる新しいスポーツです。既存のスポーツでは、運動能力や才能やスキルに恵まれた人のほうがより活躍でき、また面白さを味わえるという面がどうしてもあります。

そして、上手な人は上手な人同士で集まり、そうでもない人はそうでもない人と集まりがちになると、スポーツをすることがかえって社会の分断を生み出している面もあると考えられます。当然ながら、お互いがお互いのことを理解しづらくもなるでしょう。

そんなときに、足が遅くてもいいし、背が低くてもいいし、障がいがあっても大丈夫だし、勝っても負けてもいい多様な楽しみ方ができるスポーツがあったら、とてもワクワクしませんか？　「世界ゆるスポーツ協会」は、そんなゆるスポーツを実際に創るクリエイター集団なのです。

カゴが傾くと玉がこぼれてしまう「シーソー玉入れ」や、全員500歩しか動いてはいけない「500歩サッカー」（ちなみに、500歩を超えると退場になるため、しばしばフィールド内で休憩する必要があります）などユニークなルールで、子どもからお年寄りまでさまざまな人が楽しめるスポーツがたくさんあります。

彼ら彼女らの活動を知ったとき、僕は「まさにこれだよね」と感じました。

なぜなら、結局のところ、**どんな分野であれ、既存のルールに従ってなにかをしていくことに明らかな限界が生じている**からです。

それはまさに、価値観が多様化しているからにほかなりません。足の速い人も遅い人も、ボールを遠くに投げるのが得意な人も苦手な人もいます。でも、すべての人にかけがえのない価値がある。そのかけがえのなさは、ひとつのものさしではかれないのです。

翻って、自分自身についても同じことがいえるのではないでしょうか？

たとえば、いわゆる「いい大学」を出て「いい会社」に入ることが人生における成功とみなされる時代が長らく続いてきました。ですが今の時代、この判断基準は通用しなくなってきています。「いい会社」に入っても会社がつぶれることもあるし、スキルだけではない評価軸がある世界で苦しむこともあるでしょう。

今や、成功したとみなされる人生に見本などなく、どのような道を進めばいいか、自分で考えなくてはならないのです。

となると、僕たちは自分が持つ「ものさし」の種類をもっともっと増やす必要がある。**自分で自分を理解して、自分で自分の仕事を定義し、自分で自分のモチベーションを上げていけるように、多様なものさしで人生を考えていかなくてはなりません。**

それには、「メタ思考」の力を持つことで、問題や課題を見つけて「言語化」できる力を養う必要があるというわけです。

ジョブ型雇用は「できてあたりまえ」の世界

近年はさまざまな職場で、「ジョブ型雇用」の必要性がいわれています。ただ、このジョブ型雇用についての勘違いで多いのが、「わたしの仕事は○○で、その仕事さえうまくやれば評価される」という認識です。

これはジョブ型雇用の必要条件に過ぎません。その仕事をしてもらうために採用したのですから、会社にしてみればできてあたりまえ。いわば最低限の義務という意味合いなのです。

わかりやすくプロ野球選手を例にしていうと、彼らは、それぞれ「ピッチャー」や「バッター」や「キャッチャー」として雇われます。当然ながら、「どこのポジションになるかわからないけど、とりあえずプロ野球選手として採用される」、なんてわけはありません。

これこそがジョブ型雇用です。プロの世界では、漠然と採用し、チームに入ってからやることを決めるわけにはいきません。そうではなく、やってほしいことが最初から明確に決まっていて、それを達成してもらうために契約されるのです。

もちろん、ピッチャーで10勝したら、おそらく一定の評価は得られます。でも、他にも10勝できる人がいたらどうでしょう？　その人でなければいけない理由はなくなってしまいます。

たとえば、人気があるかどうか、ファンサービスがきちんとできる人物なのか、インタビューの受け答えが優れているか、華やかさがあるか……。10勝できるピッチャーであり、さらにプラスするものがあってはじめて高い評価を得られるのがジョブ型雇用の現実。**高く評価されるためには、「余人をもって代えがたい」存在であることが重要**になるのです。

しかも、そこには教科書がありません。つまり、プロとして最低限のラインは定義されていても、**その上に積み上げていくプラスオンの部分は「自分で考えてくださいね」というのが、ジョブ型雇用の本質**なのです。

これが、先の「わたしの仕事は○○で、その仕事さえうまくやれば評価される」という認識が勘違いとなる理由です。

「ありがとう」と言われることが自分の得意なこと

「ジョブ型雇用ってそんなに厳しいの？」と不安になる人もいるかもしれません。

でも、逆にいうと、「**わたしはこういう人間だから、これで貢献しよう」と決めれば、活躍の場ができる**ということです。

その部分については、自分で自由に定義していいわけです。

先の例でいうと、ピッチャーとしてある程度の成績をあげられそうで、かつ話すことが得意なら、スポークスパーソンのようなイメージで、できる限りファンの前に出て話をすることをプラスオンできるかもしれません。あるいは、人前で話すのは苦手でも、トレーニングメソッドについて詳しければ、チームに対して自分のトレーニングメソッドをシェアすることで貢献度が高まり、評価される可能性があるでしょう。場合によっては、将来コーチの声がかかりやすくなるかもしれませんよね。

つまり、**「自分はなにが得意で、どう貢献できるのか」をメタ思考して理解し、それを組織に還元していくことがなにより重要になる**わけですから、まず己を知らなければ定義できません。

そこで、僕はよく次のように問いかけています。

他者から「ありがとう」といわれることを自分であげられますか？

以前は自分の長所とも表現できたと思いますが、ここではより具体的にイメージするために、他者から「ありがとう」と感謝された行動だったり、性質だったりを考えてみましょう。

そのためには、自分を客観的に認識することが必要です。普段から、「自分はどんな行動をしているかな？」と、自分自身に問いかけるのも大事だと思います。

注意したいのは、会社や組織で**定義された業務以外の部分で、「ありがとう」といわれること**だということです。繰り返しになりますが、仕事で求められることに応えるのは、ビジネスパーソンとしてあたりまえですから、これは必ずしも「ありがとう」といわれることと同じではありません。月に3件の契約をとってくるのがあなたの仕事なら、それを達成しても「ありがとう」とはいわれません。

そうではなく、**自分の業務にプラスオンしていく部分を、自分でいかに見つけて定義し、行動につなげていくのか**が大切なのです。

業者に負担にならないスケジューリングや、膠着した会議の話を整理する司会術、新人のモチベーションアップになるようなメンタリングなど、誰しも自分の業務以外のことで、誰かの業務を助けていると思います。そういった自分の得意なことを探してみてください。

もしも見つからないのであれば、それは危険信号。決められた業務をこなしているだけで仕事ができていると思っているのなら、変化し続ける時代からあっという間に取り残されてしまいます。

ルールを疑わない人は思考停止している

他者の定義に従って生きるのか、自分の定義で生きるのか。そのことを、普段のちょっとした行動から自分に問い直してみることはとても大切です。他人が決めたなにかに、気づかないうちに自分が「とらわれている」ことも、たくさんあるからです。

僕たちは法治国家で生きる以上、当然、法律に従わなければなりません。でも、**それ以外の決まりごとには、本来なんの強制力もない**のです。

もちろん僕たちはひとりで生きているわけではありませんから、社会には多くの人が快適に過ごせるように決められたルールがたくさんあります。でも、そのルールはいつどんなときでも最適解とは限りません。

一般的に「妊娠中の女性や高齢者には席を譲りましょう」とされていますが、ときには高齢者より、若くても具合の悪そうな人に席を譲ったほうがいい場合もあるでしょう。でも、目の前に具合の悪そうな若者と高齢者がいたら、「この人に譲った方がよさそうだけど、優先席は高齢者に譲るものだしなぁ……」と迷う人もいるかもしれませんね。

なぜ僕たちは、こんなふうにルールはいつでも守るべきもの、という思い込みに縛られてしまうのか？

僕は、おそらくルールにのっとった行動によって、ほめられた成功体験があるからではないかと考えています。学校に通っていた子ども時代から、僕たちのまわりは決まりごとだらけです。そして、それを守っていれば、先生や大人がほめてくれる。その結果、「このルールは本当に正しいことなのかどうか」を自分では考えなくなってしまう。

誰かが決めたルールに従うことはラクだからです。そう、**思考停止はラクなのです。**


でも、声を大にしてお伝えしたいのは、**なにが正解かなんて本当は誰にもわからない**ということ。新しい局面に遭遇したら、その都度自分で考えなくてはならないのです。

ビジネスの世界では、関連する法律以外の決まりごとはまったくありません。業界内に暗黙の了解があることもあるでしょうが、それを守っても、結果が出なければ誰もほめてくれません。逆に、**ルールなんて破っても、利益を上げたらそれが正解**だとされる場合もたくさんあります。

むしろ、「自分たちがルールをつくるんだ」くらいに考えることが、成功するビジネスのスタート地点となるでしょう。

顧客の声が正しいとは限らない理由

今の時代は、自分たちでルールをつくるゲームチェンジャーとされる企業が大きく成功しています。

僕の友人であり、サンフランシスコと東京に拠点を置くデザイン会社、ビートラックスのCEOであるブランドン・ヒルさんは、「顧客第一主義はユーザー中心デザインではない」といいます。いったいどういう意味でしょうか？　僕なりに説明します。

馬車から自動車へ、人の移動手段を大きく変えた自動車を大量生産したのはフォード・モーターですが、当時の顧客のニーズは、「速く走る馬車が欲しい」でした。なぜなら、多くの人はまだ自動車を知らなかったからです。

このとき、馬車の性能にこだわるのではなく、顧客のニーズを深く考えることで、「速く移動したい」という本質を見抜いたことが、フォードが大成功した瞬間でした。**顧客の**

かったのです。

問題を「抽象化」して、その「本質」を取り出すと、移動手段は馬車に限らないことがわかったのです。

また、その販売の点でも、フォードの説明は優れていました。実は、ベンツがはじめて内燃機関を備えた自動車を発明したとき、多くの人が「悪魔の乗り物」だといって怖がったという問題点があったのです。

馬と違って生き物でもないものが動く。しかもその動く鉄の車の中で火が燃えているのは、恐ろしいと感じた人が多かったのでしょう。そんな人たちに、「自動車は馬車よりも優れている」と単純にアピールしたところで、そう簡単には受け入れてはもらえません。

だからフォードは、「みなさんは普段馬車に乗っていますが、もっと早く目的地へ着きたいと思いませんか？」と、顧客のニーズの本質をつきました。そのうえで、「馬車は歩くより少し速い程度のスピードしか出ませんね」「馬の面倒をみる必要もあります」「餌代もかかりますよね」などと、具体的な馬車の問題点をあげて、自動車の便利さの説得力を高めていったのです。

これは、現代のビジネスの課題解決にもそのまま使える方法です。

まずは、顧客のニーズを抽象化して本質をつかむ。そのうえで、汎用的な解決方法を提案する。すると顧客はその提案をかなり受け入れやすくなるのです。

新しい製品やサービスを顧客に受け入れてもらうためには、**顧客がまだ気づいていない課題を、納得いくかたちで「言語化」する**ことが必要なのです。


現代でも同じことが、ライドシェアの「Uber（ウーバー・テクノロジーズ）」や「Lyft（リフト）」にいえます。

当時の顧客のニーズは、「より早くより安く目的地に行きたい」というものでした。これを鵜呑みにすれば、新たに台数の多いタクシー会社を興すだけになります。

でも、「早く安く」というニーズを深く掘り下げて、「ライドシェア（相乗り）」というサービスを展開したのがUberであり、Lyftでした。運転しているのは普通の市民ですから、新たにタクシーを増やさなくても膨大な数の運転手付きの車が市場に増えたことになります。現在地や目的地がアプリ上にアップされますから、タクシーと同じように利用でき、捕まえやすさも格段に上がります。おまけにライドシェアで安価なので、車社会のアメリカで一気に広まったのです。

ほかにも、時代を画するイノベーションを起こした企業は、顧客のニーズの「本質」をうまくつかんでいることがわかります。たとえば、X（旧Twitter）は、「より公平迅速な情報が得られる手段が欲しい」というのが顧客のニーズでした。

そのニーズに対して、X（旧Twitter）は「ユーザー自身が発信でき、小グループ間でコミュニケーションするためのプラットフォーム」を用意しました（今後はまた変わっていくかもしれませんが）。

また、「Airbnb（エアビーアンドビー）」も、「繁忙期でも宿泊施設を確保したい」「少しでも安い金額で宿泊施設を見つけたい」というニーズを掘り下げて、「民泊」というアプローチを取りました。

つまり、先の「顧客第一主義はユーザー中心デザインではない」というのは、**顧客が実現してほしいと望んでいることが、そのまま答えではない**ということです。

よく「顧客の声を聞け」などといわれますが、顧客がいっていることが正しいとは限らないことは、これらの例からよくわかります。ここに、いくら顧客からアンケートなどで声を集めたり、マーケティング施策を重ねたりしても、本当のニーズをつかめない理由があります。いや、むしろ顧客が求めているものを愚直に追い求めると、ビジネスとして破綻するケースさえ、世の中にはたくさん見られます。

正しく言い換えるなら、**顧客がいっていることは正しいとは限らないが、確かなニーズは顧客の中にある**ということなのです。

「ペインポイント」という思考のヒント

いまや世界中で利用される動画配信サービスとなった「Netflix」は、かつては社員30名ほどの、ウェブサイトによるＤＶＤレンタルサービス会社でした。

しかし、１９９９年、彼ら彼女らは業界に衝撃を与えます。いったいなにをしたのかというと、オンラインで申し込むだけで、「15ドルで借り放題、送料も延滞金もなし」という**サブスクリプションサービス**（マーキー・プログラム）を郵送で開始したのです。

これは、かつて自分がＤＶＤの返却を忘れ、多額の延滞料金をとられたことを不快に思った創業者のアイデアでした。

このとき、当時ＤＶＤレンタル大手だった「Blockbuster（ブロックバスター）」は笑ってしまったのではないでしょうか？　なぜなら、「ＤＶＤは通勤途中に車でレンタルして家で観るもの」いう固定観念があり、しかも返却が滞ると次の人に貸し出せないため、延滞料金をとらなければ絶対に赤字になるビジネスモデルだったからです。

最初のうち、たしかに「Netflix」は苦戦しました。しかし、インターネット（ブロードバンド回線）が発展していくにつれ、当初から顧客動向をはじめ、すべてのデータを管理していた「Netflix」に、時代のほうが追いついてきたのです。

そして、ストリーミングで動画配信が可能になったとき、顧客情報や人気作品の傾向などの情報管理をＤＶＤのサブスクリプションモデルで先行していたおかげで、それらのデータをすべて活かすことができました。一方で、動画配信時代の波に乗れなかった「Blockbuster」は倒産してしまったのです。

ちなみに、「Netflix」が出した有名な看板に、「Don't give up on your dreams. We started with DVDs.」というものがあります。なんだか勇気が出てきませんか？　僕は時々、見返してしまいます。

さて、これはアイデア勝ちの典型例ですが、より丁寧にいうと、当時のNetflixは、**顧**

客の「ペインポイント」を取り除いたといえます。ペインポイントとは「想定顧客の悩み」のことです。

ＤＶＤレンタルサービスの顧客にとってもっとも嫌なのは、創業者も体験した「延滞料金」でした。その**ペインポイントを取り除くために、「延滞料金に頼らないビジネスモデル」を新たに構築した**というわけです。

サブスクリプションモデルは、顧客から安定的にお金をいただくモデルなので、ＤＶＤを借りようとも借りまいとも、ビジネスは成立します。また、顧客データを分析すると、契約しても借りない人が一定数いることから、たとえ一部の人が借りたものを返さなくても、事業を揺るがす問題にはならないと判断したのでしょう。

さて、顧客のペインポイントを見事に取り除いたNetflixのアプローチは、そのまま先のフォードなどのアプローチと同じだと気づかされます。

「馬車の移動は遅い」という、想定顧客のペインポイントを取り除くために、速い馬車ではなく、「速く移動できる乗り物」として自動車を提示したのがフォードでした。

ここで留意したいのは、**顧客はペインポイントならいくらでも話してくれますが、「自**

動車がほしい！」という新しい解決策は教えてくれないということです。

Netflixの場合なら、「延滞料金が嫌だ」「延滞料金がないDVD屋はないの？」とはいってくれますが、けっして「サブスクリプションモデルにしてほしい」とはいってくれません。

考えてみれば、これはあたりまえのことで、**顧客は自分たちが求める利益には関心がありますが、サービス提供企業の利益についてはなんの関心もない**からです。延滞料金がなくなったDVD屋がつぶれてしまう心配なんてするわけがありません。

でも、顧客の声（ペインポイント）を拾い上げて問題の本質をつかみ、それに対する回答として、延滞料金の体裁を取らずに利益を上げるビジネスモデルをつくり上げたことに、Netflixの革新性があったわけです。

世の中の「正しさ」に人生を乗っ取られない

ここまで、ビジネスでイノベーションを起こした企業は、顧客のペインポイントを見事に取り除いてきたことを述べてきました。

実は個人のキャリアという観点でも、僕は同じことがいえるのではないかと考えています。つまり、個人のキャリアを考えるときに、**世の中でよくいわれる「ペインポイント（悩みごと）」の解決策が、自分にとって正しい方法とは限らない**とはいえないでしょうか？

かつて世の中でよくいわれたペインポイントとは、たとえば、学歴、社名、肩書などについての悩みごとのことでした。

そんなペインポイントに対する解決策として、「有名大学へ入るべき」「一流企業へ就職すべき」「資格をとっておくべき」といった「べき論」がたくさんありましたが、それらが多くの人にとって正解だった時代は終わりました。学歴や会社の規模に関係なく、実力で世に出てくる人材も増えています。

では、今のあなたにとってのペインポイントはなんでしょう？

もしも、自分の課題すら見えていないとしたら、あなたに必要なのは「新しいものさし」だと僕は思います。**自分が属する会社や組織、コミュニティ以外の「外のものさし」を持って自分をメタ思考するところから始めたほうがいいでしょう。**

ずっとひとつの会社や組織、コミュニティにいると、そこから出たときになにが起こるのかわからず、とても不安になります。そうして、「最初の一歩」を踏み出すことがどんどん難しくなっていくのです。

もちろん、「外」の世界へ出ていく勇気をなかなか持てないことはわかります。でも、そんな人に気づいてほしいのは、別に今いる場所や条件をすべて捨て去って、身ひとつで「外」の世界へ出ていく必要はないということ。

そうではなく、自分が所属している場所を、いつでも戻ってこられるベースとして確保したうえで、それ以外の場所にちょっと参加するくらいのイメージで「外」の世界を知ることからはじめればいいのです。

そうして「外」の世界の人と交流していると、自分の会社の中でもっともらしくいわれていることが茶番のように思えてくるかもしれないし、逆にいいところをあらためて認識できるかもしれません。

いずれにしても、**「外」の世界を知らなければ、自分がとらわれているものを客観的に見て、自分にとってそこにいることが幸せなのか否かをはっきりと認識することはできないのです。**

また、企業名や肩書のない自分にどんな価値が残るのか、一度体験しておくことは人生で大きな財産となります。いずれはすべての人が企業名や肩書のない自分に戻るんですからね。

リスクを恐れず「外」へ出る

今いる小さな枠の「外」へ出て活躍する、そんな個人の例はたくさんあります。僕の知人である坪内知佳さんは、まさにそんな方です。ドラマ『ファーストペンギン！』(日本テレビ系列)のモデルにもなった方です。

彼女はもともとキャビンアテンダントに憧れて外国語大学へ進学しましたが、感染症などが原因で体調不良が続き、さらに悪性リンパ腫で余命宣告を受けるという誤診によって、人生が激変してしまったといいます。

結局は、体調不良を理由に大学を中退し、夫と子どもと一緒に山口県へ転居しますが、その後離婚してシングルマザーに。そこから友人と翻訳コンサルティング会社を起業するという、若いうちから波瀾万丈の人生を送ります。

転機が訪れたのは、コンサルティングの一環として地元の水産業と関わるようになったとき。それまで水産業にまったく関わりがない生活を送っていましたが、水産業の世界を知るにつれて、加工・流通・販売における無駄や、法律に未整備な部分があることを知るようになります。また、自身の病歴から食の重要性を痛感していたこともあり、地元の漁師たちをまとめて、水産の六次産業化（※）に携わるようになるのです。

それにより、これまでは魚を市場に卸すだけだった漁師が直接加工したり、流通・販売したりできるビジネスモデルを立ち上げて、今では全国の複数の漁港の人たちとビジネスを展開されています。

まったくの漁業の素人で、おまけに気性が荒い人が多いといわれる漁師の世界に、子どもを抱えた女性がひとりで飛び込んだわけですから、当初はいろいろな苦労があったといいます。それでも、飲食店などの顧客と直接つながるネットワークをつくり、顧客が求める新鮮な魚を市場をとおさずにスピーディーに届けることで、互いに利益になる仕組みを生み出しました。自らが加工や流通に関わることで漁業関係者の収入は増え、消費者や魚を扱う飲食店は新鮮な魚が早く手に入る。まさにＷｉｎ－Ｗｉｎのビジネスモデルです。

こういうビジネスモデルを思いついた人は、もしかしたら過去にもいたかもしれません。でも、**彼女はそれを最初に飛び込んでやってみた。**あたかも集団で行動するペンギンの群れから、危険いっぱいの海の中へ、魚を求めて最初に飛び込むペンギンのような行動だから、「ファーストペンギン」というわけです。

ちなみにアメリカでは、リスクを恐れずに挑戦する最初のひとりのことを、リスペクトを込めて「ファーストペンギン」と呼び、賞賛する文化があります。

印象的な例を紹介しましたが、僕は今の時代には、同じような個人がどんどん増えつつあると感じています。僕のまわりにも、自分が好きなことや思いを軸にして店を開いたり、事業を起こしたりする人がたくさんいます。

もちろん、起業なんてしなくても、得意なことを活かして「副業」にするのも、「複業」をするのもいいでしょう。

ポイントは、「**外**」**へ出て、**「**自分の人生で起こることは自分で選択する自由**」**を取り戻す**ということです。これこそが自分をハッピーにし、その結果、家族や友人や顧客とともにハッピーに生きるための秘訣です。

「そんなことわたしにできるわけがない」

「かなりリスクがある生き方だ」

そう思ってしまいますか？

次章では、そういった「思い込み」を、少しずつ取りのぞいていきましょう。

※**六次産業化**…農林漁業者（一次産業）が、生産物の価値を高めるため、生産だけでなく食品加工（二次産業）や流通・販売（三次産業）にも取り組み、それによって農林水産業を活性化させ、農林漁業者の所得（収入）を向上させていくこと。

第2章

思い込みから自由になる思考法

失敗をしたことがない人

第2章では、自分の思い込みから「外」へ出る手がかりと、その方法について紹介していきます。

人は本来自分が思うように自由に生きられるはずなのに、どうしてもまわりの視線や意見などを気にしてしまい、うまく生きられないことがよくあります。僕はその原因の多くは、人それぞれの「思い込み」によって、自分の思考という狭い世界に閉じこもってしまうことにあるのではないかと考えています。

思い込みについて考えるときにいつも思い出すのは、かつて僕のチームメンバーでもあった、現・日本マイクロソフト社エグゼクティブアドバイザーの小柳《おやいづ》津篤《あつし》さんです。彼はかつてマイクロソフトで本部長をしていましたが、その肩書を捨てて、僕のチームにいちメンバーとして参加してくれるなど、とても自由な人でした。肩書は彼にはまったく重要ではなく、僕のチームが面白そうだと思えば、いちメンバーに戻ってでも参加してくれる人です。

ある日、1on1ミーティングをしているときに、彼はこんなことをいいました。

「僕、これまで失敗したことないんだよね」

これだけ聞くと、なんて自信過剰な人だと思いますよね？　でも話を聞いていると、「だって、思っていた結果と違っただけだから」というのです。

面白いと思いませんか？　思った通りの結果になっていないことを、多くの人は失敗と呼ぶはずです。そのように考えたら、彼だって失敗している。でも、彼はそれを失敗ではなく、**「予想と現実が違っていただけに過ぎないこと」**だと考えています。

つまり、これは「解釈」が違うだけなのです。

人は一度失敗すると、「また失敗をするかもしれない」と、どうしても恐れる心が生まれます。

でも、彼はたいていの人が失敗と思うことを、失敗としてとらえていない。失敗していない（失敗だと思っていない）のだから、次になにか行動するときも、恐れる理由がまったくないわけです。

「**うまくいくと思っていたのに、なぜか違う結果が出てしまった。じゃあ、次は違うやり方を試してみよう**」

そんなふうに、何度も行動と修正を繰り返しながら、目標へ向かって最適化して進んでいけるわけです。

僕は当時、自分の失敗に対してかなり厳しい人間で、今でもその傾向があると自認しているのですが、彼を見ていると、「こんな生き方もあるのか。失敗なんて、とらえ方次第なんだ」と、目から鱗が落ちるようでした。

ポイントは、**失敗を失敗とみなさないのは「意思」による**ということです。

これは失敗だけではなく、自分が抱える悩みや思い込みに対して、とらえ方を変えたいときにも使えます。何度も自分に言い聞かせればいいのです。

とくに公言する必要はありませんが、たとえばノートやメモに「予想と現実が違っても失敗とみなさない」と書いておくなど、一度その「意思」を自分の頭から外に出し、いつでも見られる状態にしておくといいと思います。

人は余裕を失ったとき、とんでもないミスをおかす

失敗を失敗だと思い込むのは、出来事の「解釈」の問題であり、それは「意思」によって変えられると述べました。

その原則を確認したうえで、一般的に、人が重要な選択や判断を間違えたとみなされるとき、どんな状態にあるのかを考えてみます。間違えるときのコンディションを事前に知っていれば、前もって準備することもできるはずだからです。

まず僕は、**人が重要な選択や判断を間違えるのは、必ず「余裕」を失ったとき**だと考えています。

以前、友人がX（旧Twitter）で、「どんなに頭がいい人でも、余裕がなくなると、とんでもない間違いをおかす」という趣旨の発言をしていて、そのとおりだなと思ったことがあります。余裕があることは、仕事においても生活においても、とても大事なことです。

余裕とはなにかというと、人それぞれ違います。時間の余裕かもしれないし、お金の余裕かもしれないし、体力やエネルギーの余裕かもしれません。また、どんな人にもイライラしたり、モヤモヤしたりする日があるように、感情の余裕かもしれません。

ただ共通しているのは、とんでもない判断ミスをするときは、たいていの場合、そうした余裕がない状態のときだということです。

ちなみに僕の場合は、空腹のときがダメ。エネルギーの余裕がなくなるとどうしてもイライラしてしまって、普段なら考えられないようなミスをしたり、判断が鈍ったりしてしまうのです。

そこで大切なのは、**自分はどんな要因によって余裕がなくなるのかを、あらかじめ知っておくこと**です。

「どうして同じ失敗ばかり繰り返しているのだろう?」

そう思ったときがチャンス。自分自身をメタ思考し、自分はどんなときに余裕がなくなるのかを、きちんと言語化しておくことが大事です。

そして、**できればそのことを周囲と共有しておくことで、大きな失敗をするリスクを避ける**ことができます。失敗によって人間関係がおかしくなることもありますから、人間関係を良好に保つためにもおすすめです。

僕の場合は、２０２０年に会社をやめて独立してから妻と一緒にいる時間が長くなったので、お腹がすいたら余裕がなくなることを、あらかじめ妻に伝えています。また、スケジュールが詰まっているときほど、食事の時間の優先度を高くして調整しています。

人によって余裕を失う要因や、余裕を失うときの「閾値《しきいち》」には差があるため、全員に同じ正解があるわけではありません。睡眠不足で余裕がなくなる人は多いと思いますが、８時間寝ないとダメな人もいれば、５時間あれば十分という人もいるはずです。

プライバシーにも関わることですが、だからこそ信頼できる人たちと共有しておくことで、大切な人間関係を維持できると考えることもできるでしょう。


もうひとつ加えたいのは、人が余裕を失うのは、ネガティブな状態のときだけとは限らないことです。たとえば、自信満々で「怖いものなしだ」「無敵だ」と思っている人が、突然大ポカをやることがけっこうあります。**自信過剰なときも、実際には余裕がなくなっている状態である場合がとても多い**のです。

このようなときは、自分を顧みる余裕を失ってしまうのでしょう。

人はネガティブな感情になっているときは、「原因を探す」という思考になりやすく、それがメタ思考につながることがあります。でも、傲慢になっているときは、それを思いつかなくなるから怖いのです。

本来、自信を持つことはポジティブな感情であるはずですが、それが結局自分の余裕を奪っているパターンもあるということです。

「これさえ守ればOK」が自分を自由にする

「思い込み」に話を戻します。たとえば、みなさんも、エスカレーターに乗るときは必ず片側に立ったり、電車に乗ると車内が空いていても優先席には座らなかったりすることがあると思います。もちろん、混雑時に関しては、エスカレーターは片側に寄ったほうが安全だし、優先席も空けておく意味があるでしょう。

一方で、なにも考えずに、いつでもそれらの暗黙の了解に従っている面はないでしょうか？

僕は座りたいときには優先席かどうかは考慮せず、空いている席ならどこでも座っていいと考えています。でも、必要だと思われる人には、優先席でなくても譲ります。優先席だから譲る、なんていうルールは僕にとっては意味がなく、困っている人がいたら、すべての席を譲ろうと考えているからです。僕にとっては「座席すべてが優先席」なのです。

ビジネスにおいても、さまざまな思い込みや固定観念、暗黙の了解などがたくさんあります。たとえば、みなさんの会社や組織では、ＩＴに関するルールが山ほどありませんか？「ＵＳＢメモリを使ってはならない」「会社ＰＣを持ち出してはならない」など、多くの企業にはＩＴに関する「べからず集」があるようです。

企業は情報漏洩のリスクを想定し、膨大な「べからず集」をつくります。でも考えてみれば、本来ルールがあろうとなかろうと、情報漏洩は絶対に防がなければならないことのはずです。

つまり、**必要なのは「べからず集」ではなく、情報漏洩しない「仕組み」と「意識」**なのです。

かつて僕が勤めたマイクロソフトでは、かなり以前から、私用パソコンが使用可能で、どこからアクセスしてもかまわないという状態がつくられていました。「べからず集」が極端に少ない会社だったのです。

社内のリソースを使うときは、ドメイン認証のプロセスが必要ということのみ。つまり、ユーザーさえ特定できればOKという線引きでした。

この「これさえ守ればOK」という考え方は、アクションのたびにルールブックを参照するのが面倒な僕のような人間にとっては、とてもやりやすく快適なものでした。

膨大な「べからず集」があるにもかかわらず企業からの情報漏洩が絶えないのは、**ただルールに縛られて、「情報漏洩をしないためにどうするか?」という本質を、社員一人ひとりが考えていないから**ではないでしょうか。

僕が話を聞いてきたビジネスパーソンたちは、みなとても真面目に仕事に向かっており、自宅でも、土日でも、データにアクセスしたいという思いを持っていました。お子さんの都合やパートナーとの関係で、平日にどうしても終わらなかった仕事があった場合、私用パソコンで仕事ができないと夜間や土日に遅れを取り戻すことができません。でも、会議は月曜の朝にはじまってしまう。たとえばそういう場合、会社にばれないように、より危ないネットワークに頼って仕事することにもなりかねません。

「べからず集」という禁止事項を増やすほど、人は抜け道を探すことに熱心になり、結局は情報漏洩をしてはいけないという、一番大切な本質を見失ってしまうのです。

この考え方は、そのまま個人の「思い込み」にも適用することができます。

つまり、自分に課すルールを「べからず集」にしないほうがいいということです。

そうではなく、**「これさえ守ればＯＫ」というシンプルで最低限のルールにしたほうが、自分の行動を自由にするし、結局はミスも少なくなるようにデザインできる**のです。

他人の目から自由になる

なぜ、人は「べからず集」をつくってしまうのかというと、おもな理由として、そこに「他人の目」があるからではないかと僕は見ています。「ほかの人はどう思うだろうか？」ということを判断基準にしてしまうからですね。

外からどう見られるかを気にしたり、評価されることを気にしたりするために、自分の行動を自分で縛ってしまうことはよくあります。

いつも他人の目を意識して、その評価に一喜一憂していると、自分のやることなすことが本当に正しいかどうか自信を持てなくなるのです。

たとえば、自分は料理が得意だと思っていても、「Aさんのほうがもっと料理が上手」「Bさんはコンテストで優勝したことがあるらしい」などという他人との比較が意識されると、「自分の実力なんて井の中の蛙にすぎないのではないか」「こんな自分が料理を得意という資格はない」と考えてしまうのです。

本来「わたしは料理が得意だし、それでOK」と思っていれば、誰からもなにもいわれる筋合いはありません。仮になにかいわれても、「あ、そう」で終わりなのです。

これを逆から考えてみると本質が見えてきます。**「これでOK」と自分で決めさえすれば、結果的に他人と比べることがなくなり、必然的にオリジナルな存在となる。**いや、そもそも、一人ひとりがオリジナルな存在なのだから、「これでOK」と自分で決めることは当然のことなのです。

以前、ある学生に「他人と比較するのは意味がないというけれど、個性は他人と比べなければ個性として認識できないのでは?」と聞かれたことがあります。たしかにそういう考え方もあるかもしれない。

でも、僕が思うのは、まずあなたという人間はこの世にひとりしかおらず、もうその時点で、ひとつの「個性」が存在するということです。相対的な比較をしなければ、個性を認識できないわけではないのです。

だって、**周囲とあなたはそもそも違う、別の人間なのだから。**

僕は「**わたしがやりたいようにやる**」というあり方を、もっと優先したほうがいいと考えます。

周囲と違うことをしなければと思って、自分を探しに世界一周をしたり、ほかの人と同じフィールドで優劣を競ったりする必要なんてないし、どこかに正解があって、そのとおりにやれば自分の価値が上がるわけでもありません。それをやるのがダメだと断罪しているのではなく、ただ「**あなたの価値」と世間の評判との相関関係はない**ということに気づいてほしいのです。

せっかく料理をつくるのだから、やっぱりうまくなりたいし、うまくなければ「料理が得意」なんていってはいけない気がしてしまう……。そんなことに、多くの人がとらわれすぎている気がします。

もしどうしても「○○が得意だ」と宣言するのがはばかられるなら、「**○○が好きだ**」

っていえばいい。

そんな「自分の定義」で行動する人が活躍する時代に、徐々に移り変わってきていると僕は見ています。

「自分の定義」で行動する時代

他者の定義ではなく、自分の定義で行動すること。これは、30ページでも述べた分散型ネットワークであるWeb3.0の時代の到来とも関係する、大きな行動様式の変化といえます。

ブロックチェーン技術の発展により、世の中の多くのものが中央集権型からコミュニティ型に変わっていく。組織も、DAO（Decentralized Autonomous Organization：分散型自律組織）と呼ばれる非中央集権型組織に変わっていく。

そうした世界観のもとでは、**個人が自分の特性やスキル、なにより「自分が好きなこと」「自分がやりたいこと」をアクションに変えながら、組織に縛られずに自由に活動できる**ようになります。なんだかワクワクしてきませんか？

それゆえに、Web3.0の時代は「個の時代」の到来だといわれます。

加えて、世の中のデータ量が圧倒的に増えていることで、多様な考え方や価値観などが、オープンになっているのもポイントです。

僕はそれを、「**いろいろなものがバレている状態**」といっています。

自分が好きでもないことを、「やるべき仕事だから」といって我慢して続けなくても、好きなことを、好きなときに、好きなようにやって、幸せを感じて生きている人がたくさんいることが、もう完全にバレてしまっています。

どこかの誰かが決めた常識やルール、価値観といった他者の定義がけっして正解ではないことも含めて、バレてしまっている。我慢していたら誰かがほめてくれるわけでもないこともバレている。そんな時代には、**自分がすべてを定義して生きていくことが、幸せに、そして満足して生きていくためには欠かせません。**

先に、相対的な比較をしなければ、個性を認識できないわけではないと述べました。

Web3.0の文脈でいわれる「個の時代」という認識は、そうした見方に対する、ひとつのアンチテーゼも含まれていると僕は見ています。

これまでは、個人の資質や好みが軽視されてきました。**相対的な比較を重視する世の中だったから、優劣を決める場所（プラットフォーム）を用意する者が権力を得ていた**のです。

その代表格が、いわゆるプラットフォーマーと呼ばれる巨大企業や巨大組織です。スポーツの世界ならＩＯＣ（国際オリンピック委員会）やＦＩＦＡ（国際サッカー連盟）などですが、それらは「競わせるためのプラットフォーム」を持っているから、巨額のマネーが集まるわけです。

そこで、そうしたものへのアンチテーゼとして、Web3.0のような概念が現れてきたと見ることもできます。プラットフォーマーがすべてのデータを握り、多様な個人を十把一絡げにして踊らせるような世界から、そろそろ脱却しようというムーブメントが起きているわけです。

ただし、それらのプラットフォーマーが人間を不幸にし、お金を巻き上げるためだけに活動してきたのかというと、けっしてそうではありません。ある時代には、そのアプローチによって解決する課題があったからこそ、イノベーションが次々と生まれたのですから。

それこそ今は、化石燃料自動車がずいぶん悪者扱いをされていますが、もともと自動車はとても便利なものでした。歩いて行けない場所へ行けるようになり、人や物をたくさん運ぶことができ、人間にとっての大きな問題を解決してくれる方法でした。そして、今もそれは変わりません。

だから、自動車そのものには罪がない。ただ、あまりにも数が増え過ぎてしまったため、CO_2排出が問題になりはじめたということです。

要するに、**物も組織も肥大化してくると問題とみなされる**というだけのこと。

物や組織が肥大化すると環境破壊などの問題が生じるし、資本が集中することで、富の偏在と圧倒的な格差も生まれていく。最初はみんな善意で行動していたはずが、プラットフォームとして巨大化していった結果、社会にとって害が大きい振る舞いになっていくわけです。

重要なのは、それらを悪者として叩くだけでなく、別のかたちとして、新たなイノベーションやソリューションを創造していく道です。

一度知ってしまったものから脱却するのは大変であり、「自動車を使わずに馬車や自転車に戻しましょう」といっても、それは無理ですよね。

だからこそ、別のかたちで社会的課題と経済的課題を解決する必要があり、電気自動車というイノベーションや、カーシェアリングで絶対数を減らすというソリューションが創造されているのです。

みなさんが生きる今の時代は、まさにそうした根本的な変化があらゆる領域で芽吹きつつある時代です。中長期的な視点で見ると、かなり大きな時代の変わり目に立っているのは間違いないでしょう。

変えられないのは「変えない意思」があるから

ここまで述べたことに関して、みなさんの中にはワクワクする人もいれば、少し不安になったり、時代の変化をいまいちイメージできなかったりする人もいると思います。

僕がWeb3.0やDAOなどをテーマに講演やプレゼンをしたときにも、うまく腹落ちしない人はたくさんいました。おそらく、これまでの人生で、非中央集権型組織で生きた経験があまりないことが理由なのかもしれません。

まず、日本に生まれると、多くの場合日本の国籍が与えられ、日本という中央集権型国家に属し、学校という中央集権型教育を受け、卒業すると多くの人は企業という中央集権型組織で働くことになります。プライベートでも、自治体という中央集権型組織から行政サービスを受けます。

そうなると、人生の多くの時間を中央集権型組織の中で生きているわけで、その状態が「普通」だという思い込みがつくられるのは、不思議なことではありません。長く自分が置かれていた環境や、そこで培ってきた経験などによる思い込みの「外」へ出ることはとても難しいことです。

でも、僕があえてお伝えしたいのは、**「変えられない」のは、単なる思い込みにすぎないということです。**

本当は変えられないのではなく、「変えない」という意思のほうが強いのではないでしょうか。

なぜそんな意思を持つのかというと、理由は「恐れ」だと思います。外の世界を知らず、「外」へ出るというアクションもよくわからないから、どうしても守りに入るマインドセットになり、その心理状態がデフォルトになってしまうわけです。

僕は日本企業の顧問を複数社でやらせていただいていますが、驚いたのは、僕より年上でも、1社しか知らない人のほうが圧倒的にマジョリティだという事実でした。一部上場企業となると、転職経験ゼロの人のほうがはるかに多く、終身雇用を前提に採用されている人たちがほとんどです。

すると、そうした人は「外の世界を知りましょう」といわれると、転職や起業をしなければと、つい0か100で考えてしまうのです。そのうえ、ひとつの組織にしか属したことがないため、転職や独立をすることは、まるで異世界へいくような危険な行為だと勝手に変換してしまう。これでは怖くなるのもあたりまえです。

そこで僕は、いつも「いきなり会社をやめてくださいという意味ではありませんから！」「外に出ても死にはしないですよ！」とお伝えしています。外の世界へ一歩出た途端に、矢や槍が飛んでくるかのように恐怖心を持っている人はとても多いのです。

だからこそ多くの人におすすめできる方法が、**今、属している組織にとりあえず軸足を置きながら、いろいろな世界と積極的に関わっていくやり方**です。

バスケットボールのピボット（＝ボールを持った選手が片足を軸にして、もう一方の足を動かして体の向きを変えること）のイメージで、軸足を固定しながら、見たり体験したりする世界を広げていけばいいのです。軸足に縛られている状態ではありますが、片足が外の世界へ向いているだけでもずいぶんと見える景色が変わるので、まずはそこからはじめるのがいいと思います。

そうして、**会社から与えられた以外の場で、誰かから「ありがとう」といわれる時間をつくる**ことを意識してみてください。

自治体のお手伝いをしたり、地元の餅つき大会の運営を手伝ったり、ボランティア活動に参加したりして、ちょっとした貢献をする。なんでもいいのです。自分が得意なスキルを活かして仕事と違う領域で貢献するのもいいし、逆に仕事ではないのだから、はじめてのことにチャレンジするのもいいでしょう。

いつもの自分の「外」の世界へ出て、知らない価値観に出会っていく行動を積み重ねていく過程で、自分の「思い込み」を少しずつメタ思考できていくはずです。

仕事とプライベートはどんどん混ざり合う

かくいう僕も、長年勤めた会社から「外」の世界へ出る最初の一歩は、あるボランティアの活動を手伝ったことからはじまりました。

マイクロソフトでプレゼンテーションの賞をもらったとき、同じ候補者の中にいた大谷まりさんと知り合ったのがきっかけで、彼女が深く関わっていた「パラサイヨ」というフィリピンの児童養護施設を支援するNPO団体のイベントに、プレゼンテーションについての講師として登壇したのがきっかけです。イベントの収益はすべてチャリティにまわるため、僕の報酬は手づくりのクッキーでした。

その出来事をきっかけに、ボランティアとして参加していた人たちから、「うちの会社でもやってください」「別のコミュニティにも参加しているので、ぜひそちらでも」と声がかかるようになり、どんどん広がっていったのです。

今思えば、そのボランティアには、ピボットするかのように複数の領域で活動するビジネスパーソンが集まっていたので、「外のものさし」を持つとてもいい機会になりました。

加えて、日本マイクロソフトのエバンジェリストで、現執行役員でもある西脇資哲《にしわきもとあき》さんとの出会いも大きなきっかけになりました。同い年の彼は、当時から社内外でかなり活躍していて、「外」の世界へ出て活躍するロールモデルとして近くで見ることができたのもよかったと思います。

こうして、僕の場合は、仕事上のひとつの実績がきっかけで外から声がかかるようになり、自然と交流が広がっていきました。今後は多くのビジネスパーソンにとって、そんな機会がますます増えていくと思います。複業はあたりまえになりつつあるし、**仕事とプライベートの活動はマーブル模様のように、どんどん混ざり合っていきます。**

コロナ禍においては、たくさんの人が在宅勤務というかたちで、プライベートの領域で仕事をする環境をすでに経験したのではないでしょうか？

家で仕事をするだけでなく、仕事とプライベートを横断したり、時間を有効に使うことで複業がしやすくなったりする環境があたりまえになっていく。

僕がコロナ前から主張していた、「**仕事をすること＝会社に行くことではない**」ということを、すでに多くの人は経験したわけですから、「外」の世界へ出ていくことも誰にだってできると思います。

恐れをなくすにはまず「知る」こと

以前、総合格闘家の青木真也さんとお話しさせてもらったときに、彼はとても興味深いことをいいました。それは、格闘技においてもっとも重要なことは、「**情報量**」だというのです。

もちろんフィジカルの強靭さや、動きの俊敏さは大事。でも、ある程度トップ層の選手になると、それよりも大事なのは、相手について「知っていること」だというのです。

プロの格闘家でさえ情報が少ない相手と闘うのが難しいのは、相手がなにをしてくるかがわからないと、適切なディフェンスがしづらいからです。逆に、相手が知らない技を自分が持っていると、かなり有利になるそうです。

そして、最上位層の選手になると、お互いのことで知っている情報がたくさんあるだけに、今度は経験値という情報量の多さが勝敗を分ける要素になる。つまり、格闘技のトレーニングは、さまざまなタックルや打撃のかたちを体験して、かわし方や攻撃の仕方、身体の使い方の情報量を増やしていくプロセスなのだそうです。

この話からもわかるように、**「外」の世界へ踏み出して冒険をはじめるためにも、今いる場所で最大限に自分の能力を発揮するためにも、情報量を増やす必要がある**ということです。

そして、情報量を増やすためには、なんらかのアクションを起こす必要があるわけですが、とはいえ「**全力投球する必要はありません**」ともお伝えしたい。

ピボットをイメージしながら、95％くらいは今の環境（会社など）に軸足を置きながら、残り5％くらいで「外」の世界へ足を踏み入れていくだけでも、新しい世界が開けていくと思います。

ゼロはいつまでたってもゼロ。

でも、5％だけ「外」へ出てみるだけで、少なくともなにもしていないゼロの状態ではないので、それだけでも見える景色はまったく変わってくるはずです。

最初に変えたいのは時間の使い方

自分が知らない世界やはじめての場所、はじめての機会に、踏み出すか踏み出さないか。そのアクションの有無は大きな差につながります。

僕の場合は、プレゼンという武器を持っていたことで、いろいろな場所から声がかかるようになったのがきっかけだとお伝えしました。「外」の世界で求められるものを実は自分は持っていた、そのことにはじめて気づかされ、幸いなことに多くの人が広めてくれたことで、人生の大きな変化につながりました。

でも、重要なのは、武器となったのはけっして「肩書き」などではなかったということです。**自分の武器を持っていれば、肩書きや学歴なんて関係ありません。**最初の一歩さえ踏み出せれば、まわりから自然と声がかかるようになるので、少しずつですが、自分の得意なことを活かして生きていけるようになります。

自分には、いきなり「外」の世界で通用する武器がないと思うなら、最初はごくシンプルな、自分ができるアクションでいい。**誰かを助けたり、誰かを手伝ったりすることに、自分の時間を使うことが突破口になる**のです。とくに若い世代の人は、自分の得意なことがまだ見つかっていなくても時間はたっぷりあるでしょうし、そもそも時間というものは、どんな人でも工夫さえすれば捻出することができると僕は考えています。

そんなことをいうと、必ずといっていいほど、「仕事が忙しくて時間なんてありません」という人がいます。でも、その**「時間がない」という思い込みこそ、「意思」の問題**なのです。

ギチギチに詰まった一日のスケジュールをよくよく見ると、絶対に自分が出なければいけない会議や、絶対自分がつくらなければならない資料作成で、一日が埋め尽くされていることはないはずです。おそらくは、「この会議にわたしが出る必要はない」と主張するのが面倒なことや、マネージャーに嫌われるかもしれないという理由で時間がなくなっている面もあるのではないでしょうか？

この本を手に取った方は、きっと「そんなスケジュールで埋まっている毎日は嫌だな」と感じている人だと思いますから、変えられないのではなく、「変えないという意思を持っているだけだ」と自覚してみてください。そう自覚したうえで、あらためて自分のスケジュールを見つめ直してみると、本当に変えられない時間が30分もないわけではないことに気づくはずです。

自分をメタ思考することにもつながりますので、まずは**自分のスケジュールにおいて、本質的に重要ではない予定をできるだけなくしていく**ことからチャレンジしていきましょう。

思い込みにとらわれないために場数を踏む

本章では、思い込みは意思の問題だと繰り返し述べてきました。

最後に、人が持つ「思い込み」は、本人が望んで選んだ意思とは限らないこともお伝えしておきましょう。ほかの選択肢を知らないことが原因となり、特定の選択肢しか頭に浮かばなかったり、未経験のことにバイアスがかかったりするのは、むしろよく起こることです。

射程を広げると、現在の世界のありようを表現するキーワードのひとつに、「ＶＵＣＡ」という言葉があります。これは、Volatility（変動性）・Uncertainty（不確実性）・Complexity（複雑性）・Ambiguity（曖昧性）のそれぞれ頭文字を取って呼ばれる造語で、簡単にいうと、**「先行きが不透明で、状況が目まぐるしく変動するため、将来の予測が困難な状態」**を指します。

たとえば、新型コロナウイルス感染症のパンデミックを予想した人はほとんどいなかったし、誰もこれほど大規模のパンデミックを実際に体験したことはありませんでした。そのコロナ禍の最中に起きて、国際社会に大きな影響を与え続けているロシアによるウクライナ侵攻も、予想できた人はほとんどいなかったでしょう。

こう考えると、**わたしたちの身のまわりの状況や環境には、ほとんど確定したものなどなく、その多くは曖昧で不安定な状態**だと見ることができます。ましてやそんな時代に、ある特定の判断基準が正解であり続ける保証なんて、もうどこにもありません。日本というローカルな国における学歴、社歴、肩書、会社の規模や業績……など、すべてが幻想だということです。

自分の思い込みをはずしていくことは、最初は難しいかもしれません。でも勇気を出して少しずつピボットしながら「外」へ踏み出すことを続けていると、どんな人でも必ず、新しい自分へと変わっていけます。

次章では、働き方の「常識」を捨てて、ビジネスパーソンとしてのあなたの能力や才能をもっと解放していきましょう。

第3章

課題を発見していく認知力

仕事の中に自分の快感を見つける

ビジネスパーソンのよくある悩みのひとつに、「仕事があまり楽しくない」「懸命に働いてもなかなか業績がよくならず、疲れてしまった」というものがあります。結果の出ない徒労感。たとえ取り組む案件が変わっても、結局は似たような課題解決を繰り返しているときに感じる虚しさに似た気持ち。理由は人それぞれだと思いますが、こうした気持ちを持つビジネスパーソンは意外と多いのではないかと感じます。

僕がそんな人にお伝えしたいのは、このことです。

なにをもって仕事を成し遂げたとみなすかは、自分で定義する。

そのうえで、**自分が快感だと思える要素や基準を「仕事のプロセス」の中につくっておく**こと。そんな自分だけの基準をあらかじめ探しておくのです。

多くのビジネスパーソンは、「数字が出た／出なかった」「マネージャーがほめてくれた／ほめてくれなかった」というように、どうしても他者の評価軸で仕事の成果をとらえてしまいます。もちろん、会社という仕組みに乗っかっている限りは、決められた業務内容を達成しなければ、仕事を成し遂げたという評価は得られません。

ただ、業務内容は基本的に「達成」を求められるものであり、「プロセス」まで定義しているものは、少ないのではないでしょうか？　仕事の達成度をつかむためのチェックポイントくらいは設定されているかもしれませんが、多くの場合、仕事のやり方や進め方自体は、個人がそれぞれ自由に考えることができるのではないかと思います。

だとするならば、その**プロセスの中で楽しみを自分で見つけられるはず**。プログラマーなら、自分の好きなコードの書き方があるでしょうし、営業なら、月末に自分の目標金額が１００％を超えているのを確認することが快感の人もいるでしょう。事務職なら、わかりやすい書類の整理の仕方に楽しみを見出すことだってできるはずですし、美しく整列した数字に快感を覚える経理の人は、僕の知り合いにもたくさんいます。

僕の場合でいえば、プレゼンテーションがうまくいったときの会場の空気の一体感や、クライアントの嬉しそうな顔がそれにあたります。**もし自分が快感を覚える要素がないの**

なら、早急に探す必要があるし、**見つからないなら、そこはもう、あなたがいてはいけない場所かもしれません。**

いわゆるライスワーク（お金のための仕事）として割り切れる人もいるかもしれませんが、自分の時間を切り売りする状態は最低限にしておかなければ、年齢を重ねてから過ぎ去った時間を振り返って後悔するかもしれません。人が亡くなるときに後悔することリストの常連は、いつの時代も、「仕事よりもっと人生を楽しむことに時間を使えばよかった」ですからね。

少し前に、若い人を中心にアーリーリタイアメント、いわゆる「ＦＩＲＥ（Financial Independence, Retire Early）」が話題になり、そのときブロガーのちきりんさんが、音声プラットフォームの「Voicy」で配信されていました。彼女が聞いたところによると、アーリーリタイアメントをしたい理由の多くは「仕事が嫌だから」だったそうです。

それについて彼女は、そうした人はおそらくアーリーリタイアメントをしても幸せにはなれないという趣旨の話をされていました。

つまり、仕事の中に楽しみを見出せない人は、たとえその仕事をリタイアしても、人生に楽しみを見つけられないのではないか？　そんな投げかけをされていたのです。

確かに、お金も時間も十分にあるのに、人生を懸けて打ち込めるものがない状態を想像すると、膨大な時間を前に茫然としてしまいそうです。「遊んで楽しく過ごせばいいじゃないか」と思うかもしれませんが、**遊び続けるにも、人は「充実した時間」を求めるもの。**

そのためには、自分が何に快感を覚えるのか理解しておかなくてはなりません。40歳でアーリーリタイアメントしたとして、平均寿命を考えると、残り40～50年もの時間がありま す。そのような時間を前にしたとき、生きがいがなかったらどんなに味気ない人生になるでしょう。

事実、定年まで勤めた人であっても、退職後になにをしたらいいかわからないという声はたくさん聞きます。お金の問題でなく、生きがいのために再就職する人もいるくらいです。

なかには20～40代のうちは我慢して、意にそぐわない仕事を続けながら、50代になったら早めに引退して世界中へ旅行に出かけたい……そんな理想をもつ人もいるかもしれませんが、僕は行きたいところには、若いときに行っておいたほうがいいと考えます。

なぜなら、いま僕は50代だからよくわかりますが、年齢を重ねてから行く旅行は、体力が落ちているぶん、疲れやすくなってしまうからです（個人差はあると思いますが……）。20代の楽しみ方と50代の楽しみ方は変わってくる。ならば、行きたいときに旅行に行かねば、期待していたものは二度と手に入らないのです。

つまりポイントは、**仕事も生活も「楽しみの先延ばし」をしない**ことです。

そのために、自分の仕事は自分で定義し、自分の快感要素を仕事のプロセスの中につくっておくことが大切なのです。

他者の評価に引っ張られ過ぎていると、自分でも気づかないうちに、自分の生きる道をねじ曲げてしまうことにつながります。だからアーリーリタイアメントを辛い人生からの脱出口としてとらえて、強く惹かれてしまう人が増えているのかもしれません。

報告会議は出なくてもいい

ＯＥＣＤデータに基づく「労働生産性の国際比較２０２２」（公益財団法人日本生産性本部）によると、２０２１年の日本の時間あたり労働生産性は49・９ドルで、ＯＥＣＤ加盟国38

カ国中27位という位置づけになっています。

これは、日本人の労働生産性が、先進諸国でダントツに低いということです。いったいなぜなのでしょうか？

僕はその原因を、**「自分が活躍できていない時間を許容している」**ことに尽きると考えています。まさに、自分で自分の仕事の成果やプロセスを定義せずに、他者が決めた正解や仕組みの上に、ただ乗っかっている状態。

それを端的に表すビジネスシーンのひとつが、「発言しない会議に平気な顔をして出る」という行動でしょう。会議の場で発言しないということは、ただ他者の話を聞くだけということです。おそらく、報告事項の共有というシチュエーションが多いと推察しますが、ただ報告を聞くために貴重な時間を共有するなんて、ちょっとバカバカしいと思いませんか？

報告というのは「過去のこと」です。すでに起きてしまったことなのだから、みんなが一堂に会し、わざわざ時間を割いて共有する必要はありません。過去に起きたことはオンラインで共有するなどして、いつでも誰でも見られる状態にしておけばいいのですから。

過去に起きたことは事前に共有したうえで、みんなで集まるときはアイデアを出し合ったり、意見交換で新たな視点を得たりするなど、複数人で時間を割く意味があるアクションをしたほうが、生産性は確実に上がるはずです。

このように、自分が活躍できていない時間の使い方を、自分で許容してしまっている面はないでしょうか？

もちろん、「マネージャーにいわれたから」「そもそも会社の仕組みが悪い」という言い分はあるかもしれませんが、厳しい言い方をすると、そうして**他責にしている時点で、「自分には力がない」と公言しているようなもの**だと僕は思います。

なかには、「決められた仕事をして一定の評価を得られるなら、それでいいじゃないか」という人もいます。

しかし、与えられたことをやり、平均程度の成績を維持できていたとしても、それで報酬やポジションが自動的に上がる時代は確実に終わりつつあります。なぜなら、長く会社にいて平均程度であり続けるのは、裏を返せば成長していないということだからです。

労働市場における人材の魅力は、年齢とともに目減りしていくのが現実です。ましてや長きにわたり会社のリソースを使っていることを考えると、平均程度しかできないのは、本来評価が下がって当然なのです。

海外の企業や外資系の日本法人には、「UP or OUT」という考え方があります。これは、「向上しないなら出ていけ」という意味です。なんだか冷たいなと思うかもしれませんね。

でも、海外の企業や外資系企業のビジネスパーソンは、そのようなシビアな環境で働いているからこそ、日本企業よりも生産性が高くなるのは当然といえるでしょう。

「UP or OUT」に関連するもうひとつのファクトを紹介しましょう。

それは、**日本人のビジネスパーソンは、社外の学習・自己啓発において「とくになにも行っていない」人の割合が52・6%と、世界のビジネスパーソンに比べて圧倒的に多い**という調査結果（パーソル総合研究所「グローバル就業実態・成長意識調査（2022年）」があるのです。

社外の学習や自己啓発とは、いわば自分への投資。**変わっていく時代の中で新しいことをインプットし続けなければ、どんどん古びてしまうのは当然**のことでしょう。

でも、海外のビジネスパーソンだって毎日の業務で忙しいのは僕たちと同じはずですよね。なぜこんなに差が出てしまうのか？　答えは単純で、海外の企業や外資系企業では、**自己研鑽しないと生き残れない**からです。

■ 社外の学習・自己啓発「とくに何も行っていない」人の割合(%)

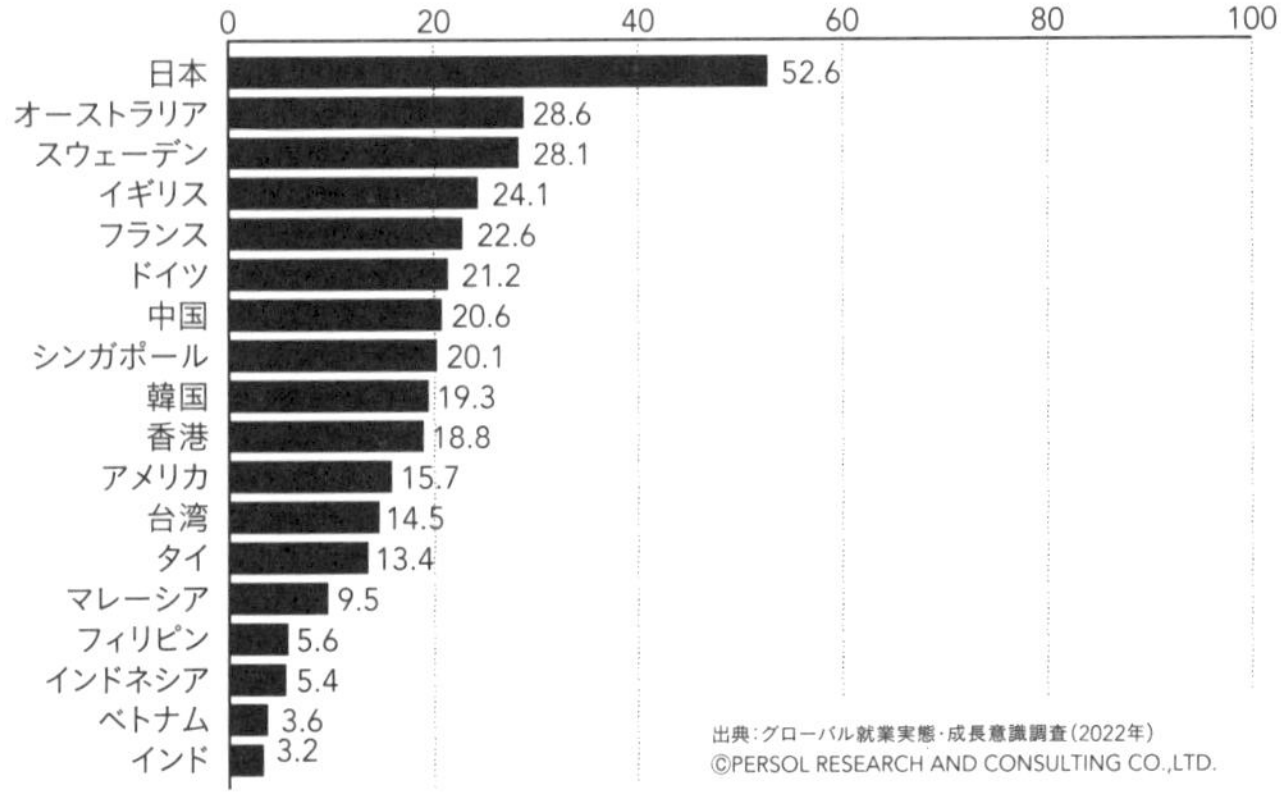

出典:グローバル就業実態・成長意識調査(2022年)
©PERSOL RESEARCH AND CONSULTING CO.,LTD.

自分に対して投資し、スキルを磨くなり知識をつけるなりして自分の価値を上げることによって会社での評価を上げたり、転職して年収を上げたりするのが優秀なビジネスパーソンの基本的な姿勢だからです。

しかし残念ながら、日本の優秀とされるビジネスパーソンでも、グローバルで見るとまったく勉強していないという事実があります。

では、いったいなにをしているのかというと……僕がよく耳にするのは、社内用の資料をつくるために残業したり、夜は社内の人と飲みに行ったり接待に行ったり、週末も仕事関係の人たちとゴルフに行ったりしているようです。だとすると、グローバル市場で日本企業の競争力が落ちるのは、あたりまえではないでしょうか。

余談ですが、日本企業がこのようにゆるいのは、年功序列が未だに機能しているからにほかなりません。その状態をさして、「大谷翔平選手が入ってきても、球拾いとバットの片づけからスタートさせるのが日本企業である」という趣旨の発言を、株式会社経営共創基盤ＣＥＯの冨山和彦氏が話している記事を読んだことがあります。

そんなことをしている間に、優秀な人材が海外に流れてしまうのも当然といえるでしょう。

「余人をもって代えがたい」存在を目指す

つまり、この先の変化し続ける時代ではいわれたことをこなして平均程度を目指したり、特定の会社や場所でしか通用しないスキルを磨いたりしていても、先はあまり明るくないことがわかります。

ならば、どんなキャリア戦略が有効かというと、僕はこれに尽きると考えています。

「余人をもって代えがたい」存在を目指すこと。

いわれたことをこなして平均程度の成果をあげたり、特定の会社や場所の枠組みの中でうまく立ち振る舞ったりしていても、不安定な時代においてはキャリアとして積み上がっていかない可能性があります。会社が危険な状態にあっても転職すら難しくなるのです。また、とくに転職などを考えていないとしても、平均程度の能力の人がたくさんいる労働市場において、プラスアルファがなくては差別化要因になりません。ほかの人と同じようなことをしているだけなら、年齢とともにあっさり入れ替えられてしまいます。

そうならないためには、**「この人にはこんな特性がある」とまわりが認めるような、自分だけにしかない別の要素が必要**なのです。

そんな特性があれば、たとえ優秀な人が現れても、**オンリーワンな存在として差別化することができます。**これは、本書の序章でお伝えした、「競技人口ひとりの種目をつくり、毎日優勝する」という戦略にもつながりますね。

ひとつ注意したいのは、「余人をもって代えがたい」というのは、「その人がいないと仕事がまわらない」状態ではないということです。

もしかしたら、みなさんの身近に、自分の仕事や人脈をけっして人に教えないようなタイプの人がいるかもしれませんが、それは会社を危険にさらす行為といえます。もし誰かが抜けたことで業務が滞る状態になっているなら、組織デザインが完全に間違っています。仕事のプロセスが属人的になってしまうと、その人が病気になって休んだだけで会社が危険な状態になってしまう。会社というのは、特定の人がいなくても、業務が問題なくまわる状態にデザインされていなければなりません。

余人をもって代えがたい存在というのは、このように自分がいないと全体がまわらないようなスタンスで存在感を発揮するのではなく、ほかの人でもまわせる組織デザインの中で、「**それでもあなたがやるのが一番いいよね**」と、周囲の人から認められるような状態をつくれるかどうか。このふたつは似ているようで、まったく違う状態です。

プロセスをまわすだけならほかの人にもできる。それでも、「ぜひこれはあなたにやってほしい」といわれるのが、ビジネスパーソンとしてもっとも価値が高い状態なのです。

サービスにもストーリーが必要な時代

「余人をもって代えがたい」存在が強いという事実は、企業にもあてはまります。主語を自分から自社に変えると、もっとも大切なのは、**「顧客のハッピーに貢献できるオンリーワンの課題解決法であるかどうか」**ということになるでしょう。

つまり、顧客から「ありがとう！」「うれしい！」「これは助かる！」といわれるような、オンリーワンの製品やサービスであるかどうかが、ビジネスがうまくいくかどうかの鍵を握っているわけです。

みなさんは、**ＸａａＳ**（ザース）という概念を知っていますか？　これは、**「X as a Service」の略で、簡単にいうと、ネットワーク経由で提供されるサービスの総称**です。「as a Service」はリース形式でサービスを提供する、いわゆるサブスクリプション型のビジネスモデルで、今の時代を生きる僕たちに、とても馴染みがある概念です。

Xにはさまざまな言葉が入ります。Infrastructureなら、ＩａａＳ（イアース）、Platform

なら、ＰａａＳ（パース）、SoftwareならＳａａＳ（サーズ）という具合です。

ＳａａＳ（Software as a Serviceソフトウェア・アズ・ア・サービス）のわかりやすい例をあげると、多くのビジネスパーソンが日常的に使っている「Microsoft365」「Gmail」「Salesforce」などのサービスがそれに当たります。ブラウザさえあればインストール不要で、社内システムを構築しなくても、サインアップだけですぐ使えるようにオンライン上にソフトウェアが提供されている状態です。

お伝えしたいのは、今の社会にはＸａａＳがかなり浸透していて、**ありとあらゆるものがサービス化されつつある**ということです。

そんなＸａａＳの世界において、今さかんに雇用されているポジションが、「カスタマーサクセス」という仕事です。

カスタマーサクセスとは「顧客の成功」を意味し、すでに製品やサービスを使用している顧客に能動的に働きかけ、顧客が望む結果を理解し、それを達成するような使い方を提供することです。この点で、顧客の不満や問題を解決するカスタマーサポートとは異なることがおわかりになると思います。

これまでは製品やサービスを売りさえすれば、顧客がそれを使おうと使うまいと、それがそのまま売り上げとなり、成果となりました。顧客がパッケージを購入した時点で取引が終了するわけですから、顧客の満足度よりも、製品やサービスをたくさん売り上げる営業職が重要な位置を占めました。

しかし、XaaSは、サブスクリプションモデルなので、顧客にずっと契約し続けてもらうために、アップデートし続けてサービスの向上を目指すとともに、顧客には**使用のモチベーションとなる「成功へのストーリー」を提供することが必要**になったのです。

みなさんには、最近解約したサブスクリプションサービスはありますか？　もしあるなら、なぜ解約したのでしょう？　おそらくあまり使わなかったり、使う理由がなくなってしまったりしたからだと思います。

すると、その製品やサービスの提供者は、なにをしなければならなかったかというと、あなたにカスタマーサクセスとして、「**わたしたちの製品やサービスを使い続けると、あなたは望む結果を達成できる**」ということを語らなければならなかったのです。

今の時代のビジネスの多くは、カスタマーサクセスを提供しなければ、契約を維持できないかたちになってきています。**あらゆるものがサービス化されつつあり、売り方が根本的に変わっている**わけですね。

この流れが世の中に広く波及しているのは、世界株式時価総額ランキングでトップ層に位置するＧＡＦＡＭ（Google, Amazon, Facebook, Apple, Microsoft）が、デジタルデバイスの開発・販売がメインのアップルを除いて、すべてＸａａＳをメインにした企業であることからもわかると思います。

アップルとフェラーリの唯一無二のストーリー

アップルだけは除きと述べましたが、ご存じのようにアップルにも、Apple Music や Apple TV といったサブスクリプションサービスはあります。iCloud を使ったさまざまなデータの一括管理も提供していますね。

しかし、アップルといえば、やはり iPhone、iPad、Mac などのデバイスの開発・製造・販売がメインでしょう。アップルはれっきとしたメーカー。ならば、ほかのメーカーとなにが差別化されているのでしょうか？

それは、**アップルはiPhoneを使い続けるための、オンリーワンのストーリーを売っている会社**だということです。

それゆえ、かつてスティーブ・ジョブズは、そのストーリーを説得力あるかたちで広く伝えるために、プレゼンに非常に力を入れていました。

ただスマートフォンを売るのではなく、**新モデルが出るたびに使い続けてもらうために、強力で魅力的なストーリーが必要**であることを、彼はかなり早い段階から気づいていたのだと思います。

もちろん、iPhone、iPad、Macなどは機能面でも優れたデバイスですが、それでも僕は、アップルは概して、機能として優れている製品であることを最重要事項としてこなかったのではないかと感じます。

それよりも、ジョブズは「クールなデバイス」であることを追求していました。

余計なものを削ぎ落としたシンプルなデザインにこだわったのは、iPhone自体がクールな印象を与えることもさることながら、「**iPhoneを使っているあなたはクールだ**」というストーリーをつくろうとしたということです。

そのストーリーに共感が生まれると、ずっとアップルのファンで居続けてくれるのです。

これは日本のメーカーが衰えた理由のひとつですが、日本のメーカーには、そうしたカスタマーサクセスの視点が欠けていたのでしょう。日本のメーカーも美しいデザインのデバイスをつくりましたが、それはあくまで筐体《きょうたい》の流線や、カラーリングが美しいといったモノの美しさに終始していて、「それを使うスタイルがかっこいい」というストーリーの発想が欠けているものが多かったといわざるを得ません。

製品やサービスを使っている顧客の気持ちまで想像していなければ、当然ながら、顧客をハッピーにするストーリーは紡ぎようがないのです。

独立研究家の山口周さんは、これからの時代は、個人や企業、製品・サービスは、「**『役に立つ』よりも『意味がある』ほうが生き残る**」と述べています。

「意味がある／ない」「役に立つ／立たない」の二軸で考えると、日本のメーカーの多くはたしかに性能に優れたものがたくさんあります。つまり、「役に立つけど、意味がない」分野で戦ってきた面があるのではないでしょうか。

でもこれからは、「意味があって、役に立つ」、もしくは「役に立たないが、意味がある」ほうに、より居場所が与えられるということです。

そして、この「意味」の部分こそが、まさに顧客を成功へと導く「ストーリー」なのです。


「役に立たないが、意味がある製品やサービスなんて必要?」と思う人もいるかもしれませんね。こうした製品の象徴的な例がスーパーカーです。

スーパーカーは、日本の公道で走ろうとしても、速度制限があり、道幅も狭いため快適に運転できません。騒音も大きいし、化石燃料も大量に消費する。ならば、どうしてスーパーカーが存在し続けるのでしょうか?

面白いエピソードがあります。スーパーカーの代表格でもあるフェラーリは、製品自体も優れていてカッコいいのですが、思わず、「フェラーリは壮大なクラウドファンディングではないか?」と思わせられるようなことをしているのです。

どういう意味かというと、フェラーリは世界最高峰のモータースポーツであるF1(フォーミュラ1）で優勝するために、その資金を集めるべく車を売るシステムを作り上げているというのです。これを知ったとき、僕は思わず笑ってしまいました。

もちろん、最高峰のF1で通用する技術は、ほかの車種の開発にも役立つわけですが、**フェラーリにとってもっとも重要なのは、「F1に出場し続けて優勝すること」**であり、その姿勢が終始一貫しているのです。つまり、**「世界最速の車に乗る」というストーリーを最重要視している**わけです。

だからこそ、脱炭素化の時世になっても、フェラーリにとってF1撤退はあり得ない選択であり、そんなストーリーに魅了された顧客たちが、いつまでも変わることなく応援し続けているのです。

企業のビジネスモデルを例にして、今の時代のビジネスでは、顧客のカスタマーサクセスの実現をいかに応援するかが重要なポイントになることを紹介しました。**顧客にその製品やサービスを使い続ける意味を与えてくれる魅力的なストーリーを語れるかどうかが、勝負の分かれ目になる**というわけです。

そして、個人の仕事の仕方を考えるときも、僕は基本的に同じ観点でとらえることができると見ています。

貴重な情報が勝手に集まってくる人の特徴

もうひとつ、長く使い続けてもらうために大切なことがあります。それは、目の前にいる人をリスペクトし、「いい気分」にさせるということです。

わかりやすいのは接客業です。とくにホストクラブやキャバクラなどの接客業では、それこそお客を癒やし、「いい気分」にしてくれるから、いつまでも通い続けるのでしょう。具体的なサービスといえば、基本的にお酒を注いで話を聞いてくれるくらいなのですが、それでもお客が通い続けるのは、ここに来れば自分の話をじっくり聞いてくれる人がいて、ときには自分の頑張りをほめてくれたり、愚痴を聞いて慰めてくれたりする。そうしたことが価値であり、ほかでは得られないオンリーワンの商材であるからです。

みなさんの仕事に当てはめると、自分のコミュニケーションによって、「**相手をどれだけいい気分にさせられるか**」**が価値になる**ということです。

これは必ずしも口がうまかったり、ひたすら懸命に喋ったりする必要はありません。それよりも、相手をリスペクトする気持ちがあるかどうかが、僕は重要だと思います。そんな気持ちが伝わるからこそ、相手は「いい気分」になるのです。

トップセールスマンの多くは、必ずしも話し上手ばかりではありません。口下手でも売れるセールスマンが多いことからも、相手の気分を尊重しながらコミュニケーションすることの大切さは明らかです。

さらに、目の前の人を「いい気分」にさせることで起こるいいことがあります。それは、**貴重な生の情報（一次情報）が勝手に集まってくる**ということ。

ふだんから相手へのリスペクトが伝わるコミュニケーションをしていると、気になることを質問したとき、相手が進んで教えてくれるようになります。そうしたときの情報は、「親しい人にしか話さない」ような、生の情報であることが多いものです。

今はインターネットで検索すれば誰でも簡単に情報を得ることができますが、それらのほとんどが加工された二次情報のため、いくら頑張って情報収集しても差別化要因にはなりません。**今の時代だからこそ、生の情報が貴重**なのです。

僕はそんな情報を、よく講演やプレゼンテーションで、（相手の許可を得たうえで）具体的なエピソードとして組み込み、広くシェアするようにしています。また、個人の作業としてはそうした情報を抽象化して、自分の中に「汎用的に使える知識」としてストックするようにしています。別の業界だから自分には関係ない話だなんて考えずに、ぜひこれから生の情報を意識して聞いてみてください。きっと学びがあると思います。

このように、相手を「いい気分」にさせることは多くのビジネスパーソンがすぐに実践でき、仕事の生産性も上げることができる有効な方法です。

ただし、情報収集だけを目的にしてコミュニケーションをするのはやめた方がいいでしょう。ブレインピッキングといわれるように、他者から有用な情報や知恵を引き出す行為は、文字どおり「頭脳（brain）からのつまみ取り（picking）」になります。

知識社会で働くビジネスパーソンの多くは、脳の中にあるものを商材にしているわけですから、**知識や情報を勝手に引き出すのは、相手の脳内情報を盗み取る卑怯な行為になる**のです。

自分がされる場合もあります。たとえば、自分が得るものがほとんどない打ち合わせや会合、相談事などを経験したことはありませんか？　僕は、そうしたものがブレインピッキングにあたるとみなしています。

ちなみに僕は、相手と話していてそんな気配に気づいたら、「この時間で僕が得るものはなんでしょうか？」と、はっきりと相手に聞くようにしています。

ふだんからそうした毅然とした態度でいると、ブレインピッキングをしてくるような相手は自然と離れていきますから、そんな場所に身を置くことも減っていくはずです。

今ビジネスで重要なのは「持続性」

先に、ＳａａＳ（サーズ）という、顧客にずっと使い続けてもらうことで利益が得られるビジネスモデルを紹介しました。

ここから得られるもうひとつの示唆は、**この「持続できる」という要素が、今のビジネスではかなり重要になっている**ということです。

それこそＳＤＧｓは、持続可能な世界と社会をつくるという開発目標です。一時的にうまくいったり問題が解決したりしてもダメであり、それらが持続可能であるかどうかが、今ありとあらゆる場面で重視されています。

とはいっても、すべてのビジネスパーソンが先の未来を予測し、持続可能なビジネスプロセスに決め打ちで取り組む必要はないし、そもそもできません。

ＳａａＳを考えるときに、イメージしてほしいのは、みなさんの手元にあるスマートフォンのアプリです。アプリは、課題がどんどん変わっていくことを前提に設計されているため、頻繁にアップデートされます。この「アップデートし続けていく」姿勢も、持続可能な世界のつくり方といえるでしょう。１回正解を提供したところで、それがずっと正解であり続けるなんてあり得ない、という考え方だからです。

時価総額世界一の自動車メーカーであるテスラは、まさにこうした位置づけで自動車を開発しています。一般的に、自動車は顧客の手に渡った瞬間から減価償却がはじまります。しかしテスラの自動車は、**顧客の手に渡った後もアップデートをし続けて、ずっとよくなっていくプロダクト**を実現しています。

つまり、テスラの自動車はデバイスであり、動かしているソフトウェアには常にアップデートがかかるので、どんどんクオリティがよくなっていく。この持続可能性こそがテス

■ **テスラのダッシュボード**

提供元：Tesla, Inc.　車種：テスラ モデル 3

ラの哲学であり、多くのユーザーに支持されて、投資家から巨額のマネーを引きつける源泉になっているといえるでしょう。

ここで、テスラのダッシュボードをちょっと見てみましょう。みなさんはどんな印象を受けますか？

多くの車のダッシュボードには、たくさんのつなぎ目がある一方で、テスラのダッシュボードにはほとんどつなぎ目がないことに気づかれると思います。

これが意味するのは、「**つなぎ目の数だけエコシステムがある**」ということです。エコシステムとは、製品の部品一つひとつの連携のことをいいます。「エアコンの網が壊れた」「この小物入れが割れた」「ボタンが押せなくなった」

といった場合に、それぞれの部品にサプライチェーンがあり、問い合わせ先が違うため、トラブル対処が煩雑なビジネスプロセスになっているのです。どこか部品がひとつでも滞れば納車すらできません。

しかし、テスラの場合は、エコシステムが少ないため、問い合わせる先も少なく、製造コストを下げることができて、ビジネスプロセスもスピードアップできます。そうした**持続可能性をメインにした設計が、このシンプルなダッシュボードに表現されている**わけです。

現在のVUCA（85ページ参照）の状態にある世界を見渡すと、サプライチェーンが複雑になった結果、あらゆる企業が苦労しています。

まず、コロナ禍という想定外の事態があり、その最中の2021年にスエズ運河封鎖事故によって物流が滞りました。また、2022年にはロシアのウクライナ侵攻によってグローバルのサプライチェーンが破壊され、多くの企業はサプライチェーン構築方針の修正を余儀なくされています。

もちろん、テスラも影響は受けていますが、少なくともサプライチェーンがシンプルな分、リスクヘッジができていると思います。

自分を変化させる人だけが生き残る

話を個人のキャリアに戻しましょう。

先のテスラのダッシュボードの例のように、なにかの製品やサービスを目にしたとき、**「ポイントはどこか」「どんな課題が潜んでいるか」をすぐに言語化できる力**が、これからのビジネスで成果をあげていくうえではとくに大事になると僕は考えています。

もちろん、知識や情報がないところから、急に鋭い洞察が生まれるわけもなく、普段からアンテナを立てて、話題になっているキーワード（持続可能性、Web3.0、DAO、生成AI……）くらいはその本質をしっかりと学び、理解しておく必要はあります。すると、先のダッシュボードの写真を見たときにも、「なるほど、テスラは持続性を担保しているんだな」と思考のあたりをつけたり、仮説を立てられたりできるわけです。

基本的に、**ビジネスは課題解決によって社会に貢献することですから、まずは「どんな課題があるか」を自分で見出せるかどうか**で、その後の打つ手の精度が決まります。

「ユーザーはなにを感じているのか」「問題の本質はなにか」といったことを、ビジネスパーソンは常に自分に問い続ける必要があるということです。

また、ユーザーが感じている問題や課題は刻々と変化していきますから、それに対して**継続的に対応できなければ生き残れない時代になっている**のです。

この「持続性」という今の時代のキーワードから考えると、前進するための目印として、ビジネスの目的や目標を設定するのはいいのですが、それらを「固定したゴール」としてとらえてしまうと、失敗する可能性が高まるといえます。

なぜなら、繰り返しになりますが、常に変化する目的やゴールに対応することが必要だからこそ、「持続性」がキーワードとして浮上しているからです。

そこでまずは、**目的やゴールは常に変化する**ものであるということを受け入れるマインドセットが必要です。もっというと、**常に変化するものであることを受け入れるには、自分自身も常に変えていく必要がある**ということにほかなりません。

世の中のことは、個人の力でコントロールできないことが圧倒的多数です。法律に従うことはいわずもがな、他者の思考や価値観なども、基本的には変えることができません。

そうしたコントロールできないものが多数ある中で、自分がハッピーに生きていくためには、自分自身をその都度変えていくことを受け入れなければ、かなりしんどい状況に追い込まれてしまうでしょう。

第2章でも述べましたが、自分だけの解釈やこだわりなどの「思い込み」にとらわれていると、自分を変化させることができなくなり、個人のレベルでも「持続性」が失われてしまうのです。

一般的には、「目的やゴールを明確にせよ」などとよくいわれます。

でも、僕個人は、普段からゴールはあまり意識しないようにしています。もちろん、目的やゴールが明確なほうがモチベーションが上がる人もいるし、方法は人それぞれですが、これからの時代は「目的やゴールはただひとつ、人生で達成を目指すもの」というような固定されたとらえ方より、もう少し緩やかにとらえるのがいいのではないかと感じます。

僕たちは生きている限り終わりはなく、**ビジネスはもとより、生活も人生もすべてプロセスとして続いていきます。**

目的やゴールがすべての結論になるわけじゃないと認識し、あらゆるものが「持続」していく世界で、**「自分は今なにをするか」「本当はなにをしたいのか」**と問い続けながら、自分を変化させていく生き方のほうが、結局は自分にとってのハッピーな人生へと近づいていけると思うのです。

固定化したやり方や考え方などにこだわらず、常に自分を変えていくことを心がけていると、当然ながら視野が広がり、自然と視点を高くして考えることができるようになっていきます。こだわりのないやわらかい頭でいるので、全体像を俯瞰することができ、**「この話ってほかのことにも通じるのでは?」「同じことが別の領域でもいえるのでは?」**と、幅広く考えられるようになるのです。

これが43ページでも触れた、**ものごとを「抽象化」する力**を養ってくれます。

具体的なものを、具体的なまま表現するのは簡単です。**具体的なものを抽象化するからこそ、そこに汎用性が生まれ、選択肢に広がりを持たせることができる。**

また、それを別の具体的なものとつなげて、新しいアイデアを生み出しやすくもなるのです。

自分の悩みも抽象化するとラクになる

ほかにも、さまざまな問題に対して、「要するにポイントはこういうこと」と抽象化し、言語化できるようになると、顧客に対して汎用性のあるアイデアを提案することができて、より多くのビジネスチャンスをつかめるようになるはずです。

そして、このようなアプローチこそが「メタ思考」といえるでしょう。

個人でいうなら、自分の悩みすらメタ思考できるかどうか。厳しいリーダーに苦しめられているなら、その人の性格をただ恨むよりも、「リーダーと自分」が含まれているチームが社内でどんな働きを求められているのかを考えてみることや、管理職とチームメンバーという立場を俯瞰で考えてみるのはどうでしょう？　すると、リーダーも厳しすぎる目標を会社に与えられていることに気づいたり、部署内の人数調整に問題があったり、タスクの振り分けがおかしいことに気づいたりするかもしれません。

もしも悩みの袋小路に入ってしまったら、いったんその思考から、意識的に自分を切り離してみてください。

「そもそも、どうしてわたしはこんなに困っているんだろう？」

「困っているポイントはなんだろう？」

「どうして今の状況が引き起こされたんだろう？」

このような感じで、**自分から離れて、考えて、また離れてを繰り返し、徹底的に思考を深めたり、ほかの人との共通項を探したりしていく**のです。

そんな思考を続けていると、視野が広くなり、やがて自分で自分を変えていける柔軟な生き方にまでつながっていくはずです。


このようなメタ思考は、先述したように顧客の問題解決にも使えます。リスペクトをもって顧客の話を聞き、その問題をメタ思考すると、問題のポイントが見えてくるようになるからです。

しかし、みなさんがそのように考えた提案でも、「いや、うちの会社はちょっと特別だからね」「わたしが置かれている状況は特殊だから」という顧客は必ずいます。僕も仕事でよくそんな人にお会いします。要するに、「自分や自社には汎用的なソリューションは通用しない」というわけです。

そんなとき、僕は相手へのアイオープン（目を開かせること）も含めて、「そうですか、みなさんそうおっしゃいます」と返します。

そして、「あなたが特別で重要であるのは当然です。でも、特別で重要でない人っているでしょうか？」と問いかけるようにしています。ちょっと意地悪な返しですが、たいていの人はここで黙ってしまいます。

自分が特別であることをやらない理由にしたところで、前には進めません。

それよりも、特別で重要な自分を客観的に見て問題のポイントをつかみ、自分たちの助けになるような汎用的な方法を探すほうが、課題を解決するうえで合理的ではないでしょうか？　そう伝えてはじめて「自分や自社の視点でしかものごとを見ていなかったかもしれない」と、気づかれることもよくあります。

解決策より課題に気づかせることに価値がある

ただし、ビジネスは課題解決である以上、**課題を言語化したうえで、その解決策までセットで提案することが大切**です。

よくある失敗例は、解決策だけを伝えることです。

「この製品は優れています」

「こんな機能があって、こんなに便利なんです」

「しかも価格もお手ごろです」

解決できることや、お買い得であることのアピールだけをいくらされても、「自分には関係ないな」と相手が思った時点でいい提案にはなりません。

顧客には、まず自分の課題に気づいてもらうことが前提です。そのうえで自社の製品がいかにその課題を解決できるか、理解してもらわなくてはならないからです。

ネイルシールをスマホでオーダーできる「YourNail」というサービスがあ

ります。創業者は若宮和男さんという男性で、今や女性主体と全員複業を掲げる会社「uni'que」を創業して大活躍している人ですが、彼によると、かつてあるスタートアップの「ピッチ（ごく短いプレゼン）」のコンテストに出たとき、のっけのひとことから見事に失敗してしまったそうです。いったい彼はなにをいってしまったのか？

そのときの審査員はみんな中年男性でした。そこで、彼は導入で「みなさんはネイルシールを使うことはないと思いますが……」といってしまったのです。

たしかに、中年男性はほぼネイルシールを使いませんから、別に間違ったことはいっていません。でも当然ながら、そう述べた瞬間、目の前にいる審査員たちはネイルシールに興味を失ってしまったのです。そうして、彼はグランプリを逃してしまいました。

このとき、課題の言語化に着目し、解決策まで含めた設計にしていたら、まったく違う話になったと思います。

では、審査員の中年男性にとって、ネイルシールにおける課題とはいったいなんでしょうか（しかも、彼らはそこに自分の課題があると認識すらしていません）。

まず彼らに、「**ネイルとはなにか**」**ということから伝える必要がある**でしょう。ネイルをする女性の多くは、爪を美しくオシャレにしていると気分がいいといいます。もちろん、メイクやファッションでも気分は上がりますが、それらは鏡がなければ自分でチェックできません。

でも、ネイルはいつでも目に入る場所だからこそ、そこが綺麗であることで気分がよくなる。要するに、いつでもチェックできて一瞬で気分がよくなる、とてもコスパがいいオシャレなのです。

ただ、女性の中にはネイルをしたくても、できない人がたくさんいます。たとえば、仕事が忙しかったり、小さい子どもがいて暇がなかったりする人がいるだろうし、医療関係をはじめネイルができない仕事に従事する人もいるでしょう。でも、多くの女性はオシャレを楽しみたいと思っているデータがあります。

ここまで伝えたところで、審査員の中年男性にこう問いかけるのはどうでしょうか。

「**そんな女性たちにネイルシールをプレゼントすれば、みなさんヒーローになれますよ**」

これが、中年男性にとってのネイルシールにおける課題解決です。

普段ネイルできない女性がネイルシールで少しでも「いい気分」になるとしたら、これは男性にとってもうれしいはず。女性に笑顔になってほしい男性はたくさんいますからね。仕事柄ネイルのオシャレをできない彼女にあげたらどうだろう？　忙しくて家事ができない日のお詫びにプレゼントするのはどうだろう？　そんなふうに、「自分も顧客なのだ」ということに気づいてもらうことができます。

このように、当人すら認識していない、まるで関連性がないように見える人に対しても、それが自分にとっても課題であったと気づいてもらい、その課題の解決まで持っていけるかどうか。そんなふうに**「自分ごと化」させる視点が、ビジネスや事業化の勝負を分ける**のです。

こうした説得力を持たせることができれば、僕はどんな人でも、すばらしいビジネスの提案やプレゼンができると考えています。

提案やプレゼンはけっしてうまく話すことが大切なのではなく、**「課題を自分ごと」として相手を納得させられるかどうか**にかかっているのです。

主語を誰にするかで思考が変わる

一見すると、一部の人たちにだけ関係があるように見える課題を、多くの人の「共通の課題」として提示すること。これは課題の大小にかかわらず、みなさんの仕事や生活の中で活用できる方法です。

たとえば、「会社の会議で話していても、いまいちメンバーに伝わっている感じがしない」と感じているリーダーであれば、**議題をみんなの共通の課題になるように抽象化**すれば、メンバーも前向きに参加してくれるようになるはずです。

それぞれのメンバーが、その課題を自分の利益に関係する「自分ごと」としてとらえてくれるようになると、汎用的なアイデアが次々と出てくるようになるでしょう。

これは、よく考えると面白い現象です。

職場でなにかを少し変えようと提案しただけでも、人間には現状維持バイアスがあるため、必ずといっていいほど反対意見が続出するものです。実際、そんな経験をしたことがある人も多いと思います。

しかし、そんなときに課題を抽象化して共通の課題であることを説明したり、主語を換えたりするだけで、みんなが受け入れやすくなる可能性が高まります。

つまり、**ものごとは変わっていないのに、わたしたちの認知のあり方や、その範囲が変わった**わけです。

会議などでは議論の結果、意見が完全に分かれることもあるでしょう。A案にするかB案にするかを決めなければいけない……そんなときも、「みんなの課題」にするという考え方を応用できます。この場合の「みんな」というのは、顧客やユーザー、市場などを指します。

つまり、「案」を主語にして考えるのではなく、**「顧客やユーザーがどのようにハッピーになるのか」を考えることがとても大事な視点になる**ということです。

僕は、**すべてのビジネスは社会貢献**だと考えています。

これがビジネスの大前提であり、社会貢献をしないビジネスは、およそこの世に存在しません。

ちなみに、ビジネスから社会貢献を引くとなにが残るでしょうか？　社会に貢献しないということは誰もハッピーにならないのに利益が上がるのだから、これはもう犯罪と同じこと。

すべてのビジネスは、社会貢献をすることが大前提なのです。

そのことから、先の例では、「社会に対して貢献が最大化されるのはA案？　それともB案？」と考えることができます。

「最大化」といってもいろいろです。サービスを提供した瞬間に、ハッピーになる人数が最大化するのか、あるいは少人数でもずっと続いていくハッピーなのかは、ビジネスをどうデザインするかによります。

いずれにせよ、**社会貢献という観点で、「なにをもって人がハッピーになるのか」を定義できているといい**と思います。「A案は～、B案は～」と案を主語にして考えるのではなく、「誰がA案によってハッピーになるのか」と、顧客やユーザーを主語にして考えて、それが最大化される状態を見出していく。

そう、いつもの仕事をメタ思考するということは、**自分や自社を主語にした視点から、できるだけ遠く離れてみる**ということなのです。

そして、他者がどれだけ深く、あるいはどれだけ幅広くハッピーになれるかを探していく。そのプロセスが、ビジネスという営みなのだと思います。

第4章

新時代のマネジメント作法

リーダーやマネージャーが言いがちなNGワード

前章で、「ビジネスは誰がどのようにハッピーになるか、誰のどんな課題を解決できるのかが重要」と述べました。

しかし、せっかくチームメンバーがそんな意識を持ったとしても、チームをまとめる肝心のマネージャーやリーダー職の人にその意識が欠けていることが、まだまだたくさんあるようです。

大きな原因のひとつとして、**保守的な日本の会社では、まだまだ管理職は「名誉職」**であることがあげられます。年次に従って昇給させるためには、昇格をさせなければならず、昇格させるのだからチームを持たせなければならない……。そんな本末転倒な話をよく耳にします。

あげくは、社員の高齢化によってマネージャー層の人数が膨らんでしまって、最近ではチームメンバーがいない課長も増えているといいます。そうなるとチームメンバーがいないのだから、マネジメント思考を持つ必要も機会もますますありません。

ほかにも厄介な問題として、たとえば**マネージャー層の人間が、社内の制度やしきたり、社内政治などに最適化し過ぎてしまっている問題**があります。

よくある「うちの会社は〜」「うちの部署は〜」ってやつですね。

そうした制度や慣例に最適化されていると、所属する会社においてはスムーズに動くことはできても、会社でうまく生きることが最重要事項になっていて、**「なんのために仕事をしているのか」という部分がすっぽり抜けてしまう。**そんな状態のマネージャーが少なからず見受けられると思います。

先に、ビジネスで唯一従わなくてはならないことは法律だという趣旨のことを述べましたが、「なんのために仕事をしているのか」という部分がすっぽり抜けて、極端にいたってしまった状態が、いわゆる不正会計や粉飾決算などです。その手の行為はすべて、**社内の都合を最優先した結果**です。

そこで、ビジネスは法律に従うことを大前提としたうえで、なにが最優先事項になるのかというと、これが前章末で述べた「社会貢献」です。つまり、「多くの人たちがハッピーになるにはどうすればいいか」を考えること。ここで「自社の利益」を主語にしてしまうと、XaaS（ザース）の世界ではファンがつかなくなり、結局はビジネスが立ち行かなくなります。

法律に則ったうえで社会に貢献する——その際、社内の事情や業界の慣例は一切関係ないと考える。これが、ビジネスなのです。

マネージャーの本当の役割は「通訳」

僕はこれからの時代は、一人ひとりのビジネスパーソンが「ビジネスは社会貢献」という視点から、自分の仕事に向き合う必要があると考えています。

ただし、会社や組織という大きな器は、基本的にその社会貢献を最大化するために存在するので、「どのように社会に貢献していくか」をデザインするのは、まずは経営者の仕事といえます。

そして、それを達成するために運用していくのがマネージャーの仕事で、そのために各タスクを実行していくのがプレイヤー（一般社員）の仕事という整理ができます。

つまり、経営者は社会のニーズとビジネスの接点を見ていて、マネージャーは事業の仕

■ 経営の三層構造

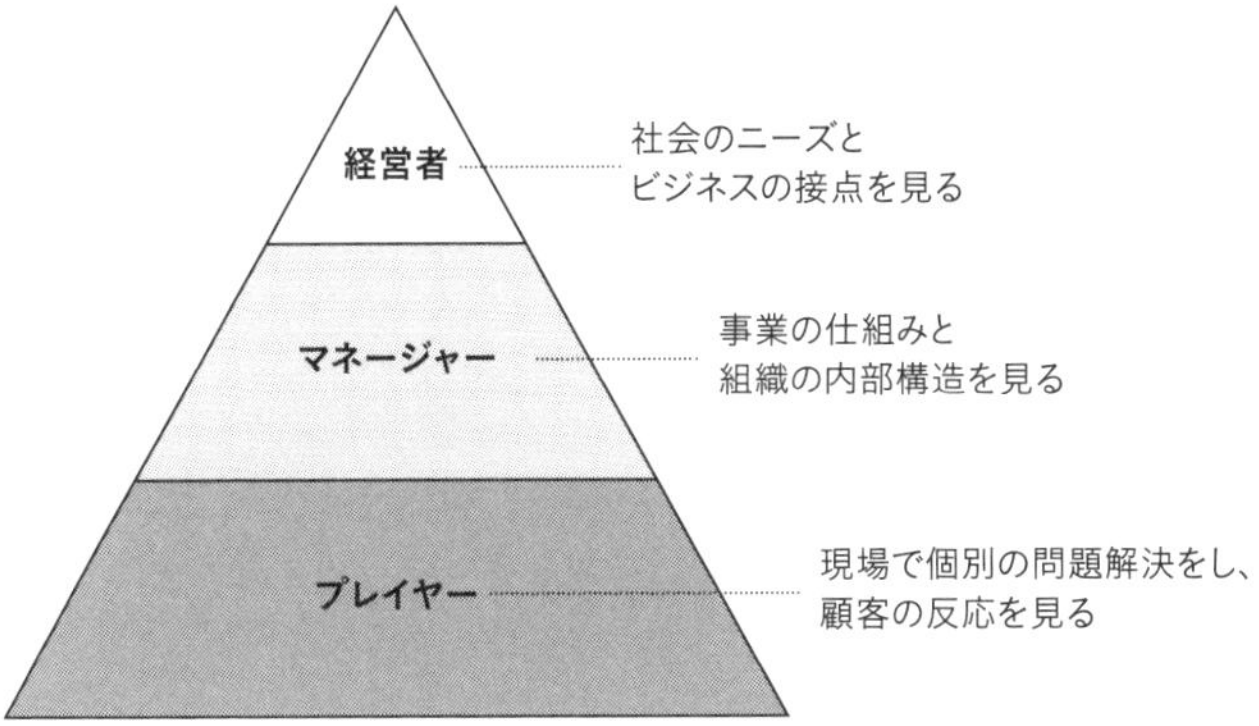
経営者
社会のニーズと
ビジネスの接点を見る
マネージャー
事業の仕組みと
組織の内部構造を見る
プレイヤー
現場で個別の問題解決をし、
顧客の反応を見る

組みや組織の内部構造を見ていて、プレイヤーはもっとも解像度が高い現場（製造現場や顧客の反応）を見ているということになります。

これを僕は、「**経営の三層構造**」といっています。

ここではビジネス上の比喩表現として、スポーツカーという商品を例にして説明しましょう。

まず、スポーツカーの社会貢献とは、顧客がスポーティーに楽しく走れるということです。これが、経営者の視点となります。

ただし自動車は、走ったり、曲がったり、止まったりといった行為が「安全な状態」で機能する必要があります。これを、スポーツカーにふさわしい形で実現するよう調整するのがマネージャーの視点です。

そして、各タスクレベルになると、コーナーでのグリップや、パワフルな加速、高速走行安定性、ダウンフォース、オプション装備……というように、それぞれの部分でスポーツカーの特性を実現する必要があります。これが、プレイヤーの視点となります。

するとマネージャーは、「スポーティーに楽しく走れる」という社会貢献と、スポーツカーの基本性能や、その特性を実現する個々の機能を、安全性を担保したうえで実現されるべく調整しなくてはなりません。スポーツカーだからといって、ひたすら強力なエンジンだけを開発しても、ほかの機能と連動していなければ意味がないからです。

トラックでも同じです。トラックの社会貢献は、「たくさんの荷物を運ぶ」ことといえます。そのためにパワフルなエンジンや、耐久性などを担保するためのさまざまな部品が開発されるでしょう。

でも、マネージャーの仕事は変わりません。たくさんの荷物を運ぶために、走ったり、曲がったり、止まったりする行為を「安全な状態」で機能させる必要があり、マネージャーはこの両方の都合をつけていかなければならないことになります。

要するに、**マネージャー層は、経営層とプレイヤー層をつなぐ仕事**なのです。

経営層が自社のビジネスを俯瞰して考える一方で、現場のプレイヤー層は自分の担当する製品やサービスの機能向上に集中しているため、どうしても俯瞰的な思考をする余裕を持ちづらくなります。

その**経営層とプレイヤー層のつなぎ目となる部分で、双方の視点を持ち、その都度視点を切り替えながら、まるでプロの通訳のようにコミュニケーションして、事業を運用する**ことができるかどうか。これがマネージャーの仕事の本質といえるでしょう。

ボトルネックになりやすいのはマネージャー

つまり、「経営の三層構造」のうち、**真ん中に位置するマネージャー層が優秀であるか否かによって、その事業やプロジェクトの結果が如実に変わります。**

でも、僕がマネージャー研修などで実際に感じることは、残念ながらその中間層のトレーニングがうまくできず、適切なマネージャー育成ができていない企業がたくさんあるということです。

どのように自社ならではのマネジメントをしていくのか、その教科書がない状態に加えて、先にも述べたように、そもそも「名誉職」としてマネージャーに就いている場合もよくあるからです。

マネージャーとしての適性や職務遂行能力を欠いているのにその職に就いていると、経営層のビジョンを具体化する立場であるにもかかわらず、自社の社会貢献の視点が欠けていたり、逆にプレイヤー気質が抜けず、現場寄りの価値判断をしたりしてしまうことになります。

本来マネージャーは「ジョブ」なのに、それを名誉として与えてしまうから、不幸が起きるわけです。

そんなマネージャーがいると、よく内輪もめが起きてしまいます。先のトラックの例でいうと、本来は「たくさんの荷物を運ぶ」という社会貢献を考えたうえで、それを実現するために個別の機能を開発しなければなりません。でも、マネージャーの方針が偏っていたり、曖昧だったりすることで、プレイヤーたちがそれぞれ好き勝手に自分の仕事を追求してしまうのです。

あくまでたとえですが、トラックなのにものすごく速く走れるエンジンをつくったり、丈夫だけれど重過ぎてまともに走れない車体を開発しようとしたりして、結果、「たくさんの荷物を運ぶ」という肝心の貢献には不向きな製品やサービスになってしまうのです。

でも、プレイヤーたちは目の前の仕事を一生懸命にやっているわけですから、誰もが「うちの部署は頑張っている」「うちの部署は、性能としては最高のものをつくった」などと言い出して、内側の論理にはまり込んでしまう。こうなっては、顧客を主語にした社会貢献どころではありません。

本来であれば、こうなる前にマネージャーが「たくさんの荷物を運ぶ」という社会貢献に対して、エンジン部門にはどのような性能を求めるか、車体を製造する部門にはなにを最優先にするかという課題を伝え、各現場がスムーズに連携できるようにすればよかったのです。

こうした例からも、企業においては、**マネージャー層がボトルネックになりやすい**ということがわかると思います。

経営層の視点を理解しつつ、現場の論理や、そこで働く人たちの「思い」も理解しなが

ら、**最終的には自社が社会貢献を果たせるべく指示したり、導いたりできる人が、多くの日本企業では圧倒的に少ない現状**があります。そして、部署間の争いもご法度。でも、同じ目標を目指す仲間だという意識が欠けているマネージャー層が残念ながらたくさんいるのが現状です。

それゆえ、多くの日本企業はグローバルで見ると生産性が低く、企業価値が上がらない状態がここまで長く続いてきたと見ることもできるでしょう。

マイクロソフトのマネジメント職

マネージャー層がボトルネックになりやすいと述べましたが、かつて僕が勤めた日本マイクロソフトでは、マネージャーを対象としたトレーニングがかなり充実していました。また、特徴的なのは、マネージャーはチームメンバーから、その適性を点数でシビアに評価されることでした。点数が低ければ、マネージャーから外される場合もありました。あるいは、人数のバランスを考慮してマネージャー職を解かれる人もいました。

ただし、これは降格ではありません。**マネージャーはあくまで「役割」なので、ただマ**

ネージャーに向いていない、もしくは他の人にマネージャーを任せた方がバランスがいいという評価をされたに過ぎず、社員としての価値が減ったわけではありません。だから、**プレイヤーに戻っても決められた給与レンジは変わらない**のです。

もちろん、給与レンジごとに求められる期待値は違います。たとえば、売上金額の責任の大きさやカバー領域の広さ、仕事の難易度などによって給与レンジは変わります。でも、マネージャーであること自体と、給与レンジは連動していない。これが第1章でも述べた、本来のジョブ型雇用です。

ジョブとしてのマネージャーがあるだけで、その役割を辞してもプレイヤーとして期待値に応えれば、同じ給与レンジで評価される。

あくまで、**ジョブに対して給与が支払われる**ということです。

ちなみに僕がいたときは、マネージャーが直接コントロールできるチームメンバーの範囲は、**マネージャーひとりにつき約7人が適正**とされていました。これをスパン・オブ・コントロールといいますが、仮にメンバーが10人程度になれば、マネージャーをふたりにして各5人のチームにしたり、逆にメンバーの数が減れば、マネージャーの数も減らしたりする考え方です。人数にも考慮して、確実に経営の方針を伝えられるようにするから、会社は目標を達成できるのです。

こうした**本来のジョブ型雇用が浸透すると、それぞれの適正を見極めたうえで「役割」が決まるため、当然ながら労働生産性は上昇する**ことになります。

また、マネージャーを辞することは降格ではないため、いい意味で「立場」に対するプライドがなくなる傾向もあります。どんなジョブを振られても、自分の価値はまったく目減りしないということです。

もちろん、ジョブ型雇用がすべて優れているというわけではありません。ジョブ型雇用がいき過ぎると、人材の流動性が高くなり、貴重な人材が流出しやすくなる問題もあります。

その一方で、旧来の日本式の雇用形態であっても、うまく機能すれば、社員のエンゲージメントレベルが高まる（組織や業務に対する愛着をもち貢献度が高まる）こともあります。繰り返しになりますが、ジョブ型雇用が万能というわけではないのです。

ただ、あらためて問いたいのは、**優秀なプレイヤーがマネージャーになったからといって、その人にマネージャーとしての能力や資質がすぐ身につくわけではない**という当然の事実です。やはり一定の時間をかけたトレーニングが必要であり、いくらトレーニングしても、そもそも適性がない場合も十分にあり得ます。

日本マイクロソフトの場合も、マネージャーになるにはシビアに適性をチェックされました。メンバーを引っ張っていける適性があるか？　経営層の考えと現場の考えをつなげられる能力があるか？　こうしたマネージャーとしての適正があるとみなされてはじめて、正式にオファーされるという仕組みでした。

プレイヤー層の視座を高める問いかけの力

もちろんプレイヤー層にも課題はあります。

今多くの企業でジョブ型雇用の必要性が叫ばれているのは、残業すれば収入が増えるというゆがんだ構造を見直そうとしているからです。

ジョブ型雇用のように、担当してほしい業務とそれにふさわしい人材をマッチングさせる雇用に対して、新卒を一括で採用して組織にあった人材を育てていく雇用をメンバーシップ型雇用といいます。日本の多くの企業はまだまだこちらのスタイルが多いかもしれません。新卒で入った会社に定年までいる代わりに、業務内容の変更や勤務地の変更などに臨機応変に対応しながら、決まったジョブではなく、組織の一員として貢献するシステムです。

ただし、メンバーシップ型雇用の場合、ベースの給料が上がらない限り収入は増えません。多くの場合、昇進も年齢順に決まるので、自分の行動だけで大きく給料をアップさせる方法がないのです。そういった理由から、どうしても残業をして、**残業代を給料に上積みしようとするインセンティブが働いてしまうことがあります**。それが仕事を引き延ばすことにもつながって時間あたりの効率が悪くなり、結果、労働生産性が低くなるのです。

先に述べたように先進諸国の中で日本の労働生産性はかなり低く、G7ではダントツの最下位という状況です。こうした経済的な観点はもとより、無駄な残業の増加による労働生産性の低下がプライベートを圧縮し、少子化にまでつながる可能性があるという現状に、国もようやく危機感を抱きはじめたのでしょう。

ちなみに、部屋の鍵をなくしてしまった場合に外から鍵を開けてもらえる鍵の専門家の話を聞いたことがあります。

とても優秀なある人は、困っている顧客を前に、急いで開けようと集中して10分で鍵を開けました。この仕事は一件1万円だったそうで、顧客も喜んで報酬を払い、仕事は終わりました。

しかし、事務所に帰ってから新人の話を聞いて、彼は驚愕したそうです。その新人は、まだ仕事に慣れていないため、難しいタイプでもない鍵を開けるのに2時間もかかってしまったそうなのです。ところが、顧客は汗をかいて2時間もドアの前で格闘する彼にいたく感心し、決まった報酬の他に1万円のチップをくれたというのです。

人の感情というのは本当に難しい。冷静に考えれば10分で鍵を開けてくれた人の方が素晴らしい仕事をしているし、本来ならチップをもらうのは彼のほうでしょう。でも、目の前で自分のために苦労している人を見るとそちらに同情してしまう。無意味な残業にも、マネージャーのこういった心情が働くのは想像に難くありません。

ここでプレイヤーの視点からも考えていきましょう。プレイヤー層は、マネージャー層とは見ている視界が異なるため、マネージャーの考えを完全に理解して動いているプレイヤーはなかなかいないのが普通です。

そこでプレイヤーは、まず自分たちが「**マネージャーの視点を完全に理解できていない**」**ということを知っておく**、つまり、自分の視点をメタ思考しておくことが大切になります。

これができていると、ふだんからマネージャーに対して、「**あなたが考えていることを教えてほしい**」**という姿勢で仕事をする**ことにつながります。当然、マネージャーはその問いに答える説明責任があります。

もう少し具体的にいうと、プレイヤーは日々顧客と直接コミュニケーションして、顧客のリアルな実像に触れているわけですから、その解像度の高い世界像（顧客像）を、もっと積極的にマネージャーに伝えるといいでしょう。

そのうえで、「自社のミッションを果たすためにこんなアクションはどうですか？」と、マネージャーに提案として問いかけてみるのです。**いちプレイヤーでも、マネジメント層に新しい作戦を提案できる**わけです。

マネージャーは経営層とプレイヤー層をつなぐ仕事ですが、結局のところ現場の細かい部分まで見えているわけではないため、リアルな顧客像を理解しようとしているマネージャーなら、その問いかけに真摯に応え、共有してくれた情報に感謝してくれるはずです。

このときひとつ注意したいのは、自分が日々関わっている顧客は、世の中一般の「顧客像」ではないということです。あくまで自分がコミュニケーションしているひとつのケースであり、けっして「世の中のお客様はこう思っている」などと一般化して考えないように意識しておきましょう。

いずれにせよ、現場にある解像度の高い仕事に集中するだけでなく、**マネージャー層が見ている世界について知ろうとする姿勢が、プレイヤーとしての視座を高めてくれる**はずです。

結果の出ないメンバーの視界を理解する

さて、もし「そんなことは自分で考えろ」というマネージャーがいたとしたら……。はっきりいうと、その人はマネージャーとしての能力がありません。

おそらくプレイヤーとして功を成したから、自動的にチームを持たせられたパターンでしょう。**プレイヤーとしては優秀だったかもしれませんが、自分が功を成した仕事と、マネージャーの仕事がまったく連動していない状態**です。

しかも、そんな自分をメタ思考する力が不足しているため、自分がたまたま能力を発揮できた場合でも、それを自覚できていない可能性があります。

そうしたマネージャーは、プレイヤーたちが抱えている問題や悩みにも鈍感です。よくあるのが、ある問題で困っていたり、スキル不足で行き詰まったりしているメンバーに対して、「**なんでできないの?**」と問い詰めてしまうパターン。そもそも、なぜできないかを説明できるなら困らないわけで……自分がそんな状態になった経験がなければ、その問題をメタ思考できないわけです。

そうしてふたこと目には、「気合が足りない」「根性を出せ」「最近の若者はダメだ」などと言い出してしまう。もしくは、「俺が若い頃はな……」と、自身の成功体験を押しつけようとしてしまいます。こうした言動が日本のマネジメント層には横行していることをよく耳にします。

僕にいわせれば、**感情論や精神論を述べるのは単なる情報不足**です。本来、現場で何が起きているのか理解していなければ、有効なアドバイスはできないはずなのです。

もしマネージャーが、なぜチームメンバーが行き詰まっているかわからないのなら、それは「メンバーがわからないことを、わかろうとする気持ちがない」ことでもあり、マネージャーとしての能力不足にほかなりません。

これはプレイヤーにもいえることですが、**チームメンバーの誰かがうまくいっていないと感じたときは、「その人が見ている世界」を理解することが大切**です。

もちろん、そのまま体験することはできないし、当人も「なにがうまくいっていないのか」をうまく表現できないことは多々あります。

それでも、その人の発言や行動の中に答えはあるので、それをあぶり出すための努力をすることが大事なのです。

たとえば、円柱は、斜め上から見たら円柱だとわかりますが、横から見たら長方形に見えます。同じように、小さい子どもが見ている世界は、大人たちには、かがまなければわかりません。子どもが「○○を見つけた！」といったとき、子どもの目線に合わせてかがんでみるから、「これか」とわかるのです。

同じように、**相手に合わせて膝を折り、視座を合わせるという思考・行動は、マネージャーが絶対に持っておきたいマインドセット**だと思います。

マネージャーの職務はメンバーとの対話だけ

「わたしにはこう見えているのだけど、あなたにはどう見えている？」

こう問いかけて、お互いのあいだのギャップを理解していくことが、マネージャーがチームメンバーと対話するうえでとても大切です。

そして、**相手の思考や行動を「受け入れること」**も、マネージャーとして重要なポイントです。「だからおまえはダメなんだ」とダメ出しするのは誰にでもできます。そもそも相手とは視座が違うのだから、上から目線で評価をする前に、自分が相手の視座に立てているかどうかを顧みたほうがいいでしょう。

僕は、**「マネージャーの仕事はチームメンバーと対話する以外にはない」**くらいにとらえています。マイクロソフトでも、マネージャーのトッププライオリティのひとつは、「1 on 1ミーティング」とされていました。

そして、**この1 on 1ミーティングで絶対やってはいけないのが、相手をジャッジすることです。**「それじゃダメだ」「それはお前が悪い」など、ふたりきりの場で事情を聞く前から断罪すると、１on１ミーティングが恐怖の場になってしまうからです。

また、マネージャーがべらべらと持論を話すのもNG。むしろ黙って話を聞き、相手が話したいことを話してもらうのが仕事です。マネージャーが話すことで効果的なのは、**自分の失敗談**くらい。それなら、相手も受け取りやすいでしょう。

とはいえ仕事面で改善してほしい点がある場合もあるでしょう。そんなときは、どんな伝え方が効果的なのでしょうか？

ここで重要なのは、「**ファクト（事実）**」です。仕事でなにか不都合なことが起きているとき、相手がそれを不都合だと認識していないなら、いくら「よくない」と指摘しても、相手には伝わりません。

なぜそれがよくないのか、その事実関係を共有しなければ相手は納得できないでしょう。

たとえば、あるメンバーの物言いに攻撃的なニュアンスがあり、その結果チームの雰囲気がぎくしゃくしているとします。しかし、本人は自分の発言が攻撃的だったとは思っていない。そんなときは、オンライン会議などの画面をふたりで見ながら、「ここの場面のやり取りはどう感じる？」「相手が安心できるやり取りに見えるかな？」などと対話していくことができるでしょう。

そのうえで、心理的安全性（※）が担保されたやり取りのサンプルを用意しておき、「こっちのほうが、相手が安心できるやり取りだと思わない？」というふうに、問題点について合意形成を図っていくわけです。

このとき、そのメンバーはまだ問題として認識していない状態ですから、いきなり「このやり取りはまずいでしょう!?」などと責めても相手が納得する確率は高くありません。相手にもそうなった理由があったり、マネージャーにとっては前提ともいえるビジネス上の常識や知識が不足していたりする可能性もあります。この場で一番優先したいのは、お互いの認識を一致させることです。

あくまで客観的に提示できる「ファクト」をベースにして、起きている問題点をお互いに共有できなければ、相手はどう変わればいいかわからないし、問題の改善にもつながらないのです。

その意味では、マネージャーの適性を見極める重要なポイントは、**メンバーと競争したくなるような人は、マネージャーをやってはいけない**ということ。メンバーと競争してしまうと、立場を利用した評価や嫉妬からの批判をするなどの言動が生じるリスクが極めて高くなります。

逆に、メンバーから率直な意見がどんどんあがり、ある意味で「こてんぱんにされる」ことをうれしく感じる人は、マネージャーに向いています。

チームメンバーに対して、「あなたすごいね！」と言い続けられるマネージャー人生は、とても幸せだと思います。チームメンバーそれぞれが、自分の持ち味を活かしてマネージャーを助けてくれるし、チームの雰囲気もどんどんよくなっていくからです。

※**心理的安全性**…組織の中で自分の考えや気持ちを、誰に対してでも安心して発信でき、またほかのメンバーがそれを拒絶したり罰したりしない状態のこと。

失敗が再現されない環境をデザインする

もうひとつ、１on１ミーティングの難しいシチュエーションとして、チームメンバーの失敗をどう扱うかという課題があります。

なんらかの意図があってわざと失敗したり、油断して力を抜いていたりしたのなら、当然ながら指摘しなければいけません。

でも、そうでない場合は、**その失敗によって「どんな学びがあったのか」を聞くこと**がとても重要です。どんな失敗にも必ず学びがありますから、それに気づかせてあげることが大切。

僕の場合は、失敗したら、まず「よくやったね」とチャレンジしたことをほめるくらいの勢いで話をはじめていました。メンバーの失敗をむしろ歓迎できるくらいのマインドを持てれば、マネージャーの仕事はかなり楽しくできると思います。


失敗の振り返りというと、本人がひとりで反省し、考え、改善していくイメージがありますが、僕はマネージャーが、メンバーの失敗に積極的に踏み込んでいいと考えています。

なぜならマネージャーは、**失敗が再現されない環境をデザインしなければならない**からです。

すでに起きてしまったことは仕方ないわけなので、それを二度と起こさないために、

「なにがあったのか」「なにが必要だったのか」を明確にしていくマインドを持つことが必要なのです。

そこで、メンバーが失敗した場合は、「なにがあった？」「原因は外にあると考えられる？」「あるいはあなたの中にあったのかな？」ということは、聞いてもいいと思います。そこから、「今なにか心配事があるかな？」「自分に足りていないなにかがあると思う？」などと寄り添って聞いていけば、悩みや不安を共有できたり、改善のために必要なトレーニングをしたりすることができます。

メンバーがその仕事に集中できる環境を整えてあげるのがマネージャーの仕事なのです。

もし、メンバーが「どうしても自分に適性がない」と伝えてきたら、すぐにはかの人を割り当てることもできます。

こうしたことはすべてこまめに対話しないとわからないし、丁寧なコミュニケーションが不足すると、いつまでも同じ失敗を繰り返してしまうことにもつながるのです。

他者に興味を持つのは「意思」の問題

先にマネージャー層の仕事は、経営層が求める社会貢献（ビジネス）のあり方と、プレイヤー層が見ている視点をつなげていくことだと述べました。また、1on1ミーティングによって、チームメンバーと丁寧な対話を重ねることが、マネージャーの最重要職務のひとつだと指摘しました。

このことから、マネージャーにとって重要な基本態度が必然的に見出されます。

それは、**「他者に対して興味を持つ」**という姿勢です。

これが難しかったり、相手になかなか興味が持てなかったりする人もいますが、やってできないことはないと僕は思います。なぜなら、**他者に対して興味を持つことは、スキルではなく意思の問題**だからです。

他者を「顧客」と言い換えることもできます。

たとえば、チームメンバーから、「お客さんはうちの製品に興味を持っていないようです」といわれたとします。でも、この発言はメンバーが感じた漠然とした印象に過ぎません。

こんなとき、マネージャーは、まず「お客さんにどんな説明をしたの？」と問いかける必要があります。そして、「どんな反応が返ってきた？」「お客さんが興味を持っていることを直接聞いたことがある？」「こちらからキーワードを投げかけて、どれが引っかかるかやってみたら？」というふうに、少しずつ顧客像を明確にしていくアドバイスもできるでしょう。

コミュニケーションには、やはり相手（顧客）に興味を持つことが欠かせません。

相手にさほど興味がないのに、マーケティング会議に時間をかけて顧客分析をしたり、ざっくりした提案や営業をしたりするから、ターゲティングを誤ってしまうのです。

でも、**こちらから積極的に興味を持つ意思さえ持てば、顧客のディテールが少しずつ理解できるようになり、「顧客が本当に望んでいること」にも気づくことができる**はずです。

ビジネスにおいては、すべての主語を「顧客」にしたうえで、「顧客がもっとも求めるものはなにか」を考えて、それをかたちにし、実際に現場で素早くリリースをしていくことが、結果的に成功へのもっとも近道になる。そして、マネージャーは部下に興味を持つことが一番大切なマインドセットなのです。

会社ルールの正しい破り方

マネージャー層に求められる思考・行動パターンについて、具体的に述べてきました。

ここからプレイヤー視点でも考えてみます。

まず、もしあなたの会社に「名ばかりマネージャー」が存在するのだとしたら、それはここまで述べてきたように、管理職が名誉職として与えられるなど、構造的な欠陥が根本的な原因です。

ただ、構造的な欠陥なら、プレイヤーとしては「自分にはコントロールできない問題」だとあきらめてしまうのではないでしょうか？

でも、あきらめることはありません。そんなときは、「**自分がコントロールできる部分はないかな？**」と考えてみてください。

たとえば、みなさんの会社には、「どうしてこの会議に出ているんだろう？」「この時間ってなんなんだろう？」と、疑問に感じるような会議ってありませんか？　どれだけ無駄だと感じても、マネージャーから出席しろといわれると従うしかない……。そんな場合もあると思います。

ちなみに、僕ならはっきり出席を断ります。「会議に出なくても法律違反にはならない」からです。それよりも、自分がより生産的になれる時間を確保して成果をあげるほうが、会社にとっていいはずですよね？

多くの場合、**会社のルールを法律と同じように優先するから、個人の時間が犠牲になってしまう**のです。

それは貴重なリソースを無駄遣いしているわけですから、意味のない会議は、「会社の利益を損なう行為」として堂々と主張することができるはずです。

「そんなこといえるわけないでしょう」

「そこまで自分の成果に自信なんてないよ」

そんな人もたくさんいると思います。では、ほかに自分でコントロールできる部分はないでしょうか？

たとえば、会議に自分よりもポジションが上の人が参加していたら、その人に徹底的に質問しまくる時間にしてはどうでしょう？　疑問に思っていることや、会議の資料やレポートに対する不明点を質問リストにして会議に臨むのです。こうして**無駄な会議に、少しでも自分にとって生産的な行動を入れていくのは、自分でコントロールできること**です。

質問ばかりしていると、相手が面倒になって、「君はもう出なくていいよ」となるかもしれません。それならそれでラッキー。嫌がらせをしているのではなく、質問しているだけだから、なにもビビることはありません。

少なくとも、「この時間は思考停止しよう」「我慢してやり過ごそう」と思って耐えているよりは、よほど時間を有意義に使えるはずです。

「自分ではどうしようもできない」と感じたときは、よく知られるところの「4象限マトリクス」を使って、自分ができるアクションを探してみるといいでしょう。

たとえば、次のように、「コントロール可能／コントロール不可能」「重要・緊急・優先度高／重要・緊急・優先度低」で整理してみます。

■自分のアクションを見つける4象限マトリクス

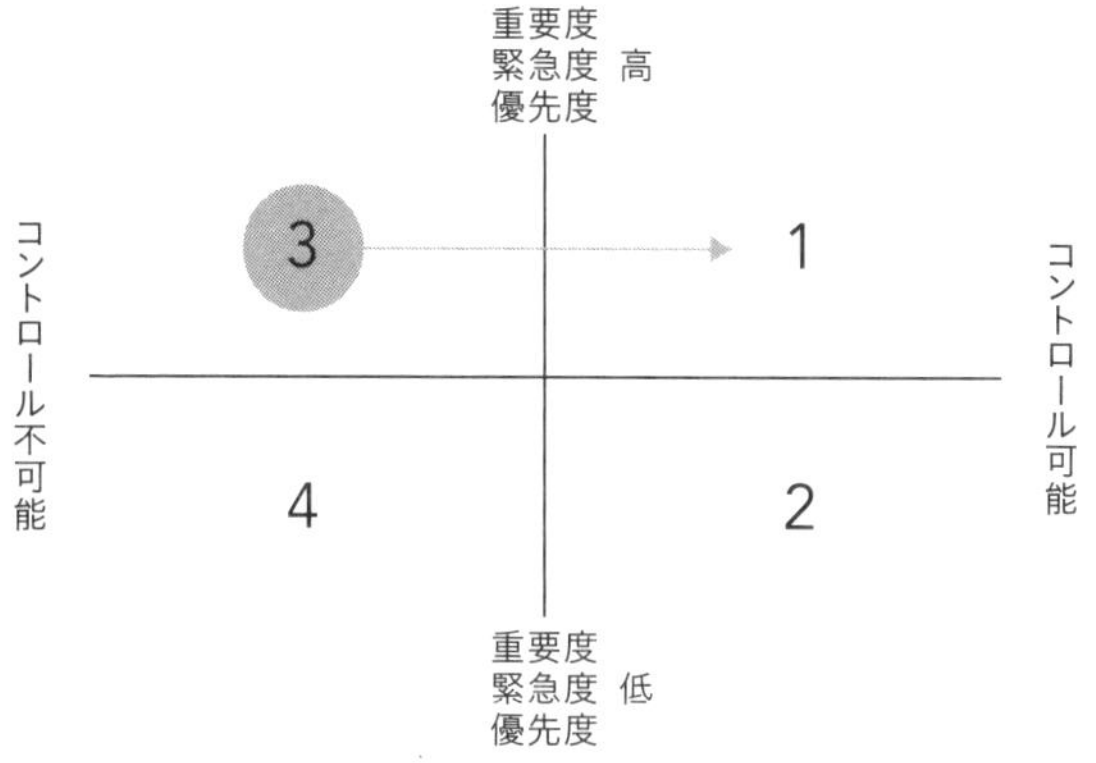

コントロール可能で重要度や緊急度が高いもの（第1象限）は、「すぐにやる」の一択です。自分でできるし、急ぐ必要があるわけですからね。

次に、コントロール可能だけど重要度や優先度が低いもの（第2象限）は、「暇なら考える」とします。他人のお手伝いなどがそれにあたりますが、それは気が向いたときにやればよいもので、義務ではありません。

ポイントは、コントロール不可能で重要度や優先度が高いもの（第3象限）です。この場合はじっくりと観察し、**いくつかの部分へと細かく問題点を分けて、「この中でなにか自分に変えられることはないかな？」と考える**ことがとても大切です。構造的な欠陥が理由であっても、簡単にあきらめるのではなく、自分にコントロールできる部分はどこにあるかと、思考の解像度を上げていくわけです。

そうして、**第3象限の観察から、第1象限の行動へと変えていける部分を見出していく**のです。自分でコントロールできるとなれば、あとは「すぐにやる」だけです。

報告だけの会議をなくすことは、自分だけではコントロールできないかもしれません。でも、会議内容や出席メンバー、時間や場所など問題を細かく分けていけば、「移動時間を削るためにオンラインにしませんか？」という提案をしてみることもできるかもしれません。午前中に集中して仕事をしたいのに会議が入っているなら、時間帯を夕方にしてもらう提案をすれば、案外賛同者が多いかもしれません。ただの報告会議なら、参加者全員にとっての、ある意味、休憩時間にしてしまうというわけです。

ちなみに、コントロール不可能で重要度や優先度が低いもの（第4象限）は、放っておいても大丈夫。ただ、時間がたつと象限が変わることもあるので、ときどき確認しておくといいと思います。

交渉した人間にしかチャンスは巡ってこない

「名ばかりマネージャー」に振りまわされないためには、「これはおかしい」と文句をいうだけでなく、「わたしには無理」とあきらめるのでもなく、「自分でもなにかできることはないか」と考えるのが大切。

コントロールできる部分を見つけて提案したら、次は会社にとっていいことになるようなアクションを見つけて、「この仕事をわたしがやっていいですか？」と提案してみるといいいと思います。

ただし、このときのポイントは、**タダ働きをしない**こと。

なんらかのアイデアを実行するときは、**必ず「報酬」を求めて、相手にコミットさせる**ことが大切です。

ボーナスの評価や、有給休暇などの諸手当もあるでしょうし、お客さんと食事に行って経費で落とすなど、報酬を交渉する材料はいくらでもあります。また、こういった直接的な報酬だけでなく、自分の業務の負担を減らしてもらうことも立派な報酬です。

これは会社にとっていいことをしたことの見返りを求めているだけなので、僕はとてもフェアな話だと考えます。

会社になにかを提案すると、そのぶん「自分だけ仕事が増えるのではないか」という不安を覚える人はたくさんいます。会社や仕事における改善点に気づいても、指摘すると「じゃあ、あなたがやって」と言われて仕事が増えてしまう。結局は自分が大変になるので、いつしか誰も手を挙げなくなったり、発言に二の足を踏んだりしてしまうわけです。これも非常によく聞く、膠着状態に陥った組織のパターンです。

でも、僕が問いたいのは、**増えた仕事のぶんに対する「見返り」をなぜ求めないのか**ということです。見返りを求めるのはプレイヤー（広くは労働者）の権利であり、それがなければ搾取されていることになります。

これもまた、「そんなのいえるわけがない」という人が多いのですが、**見返りを求めないのは、結局のところその人の意思**なのです。

それでいてキャリアアップができない、給与が低いなどと不平をいっている人には、なかなかチャンスは巡ってきません。「名ばかりマネージャー」がいてつらいなら、すぐに転職するという手もあります。

仕事においては、**交渉した人間にしかチャンスは巡ってこない**のです。

実は、取り組んだ仕事に対して「見返り」が行き届くように、事業化したリービスがあります。ユニポス株式会社の「ピアボーナス®Unipos」というサービスは、従業員同士で〝いい行動〟を称賛し合い、メッセージと少額のインセンティブを贈り合う仕組みです。いわばお互いにチップをあげるようなイメージで、「助けてくれてありがとう！」という気持ちとともに、100円や500円といった少額を贈り合う。感謝の気持ちで、缶コーヒーをおごるような感覚といえばいいでしょうか。仕事を手伝ってもらったお礼に夜お酒をおごる、という文化がなくなりつつある今、コーヒーをおごるようにワンコインでお礼を伝えるというわけです。ちなみに、これは誰が誰にどんなメッセージを送ったか見える仕組みになっているので、貢献が見える化されて、感謝を伝え合い貢献者を称える文化を定着させることにも役立ちます。

感謝称賛の気持ちにお金がからむのは、直接的過ぎると感じられるかもしれませんが、僕は個人やチームの貴重な時間を使った行為が報酬にならないほうが、よほどおかしいと感じます。

実際に、他人に対してインセンティブを気軽にあげる仕組みを組み合わせると、なかなか言いづらい感謝称賛の言葉を「インセンティブを渡す仕組みがあるのに使わないのはもったいない」という心理になります、その結果、自然に称賛文化が醸成され、組織の「心理的安全性」もかなり上がるそうです。

そうした組織は仮に自分が担当する以外の仕事を頼まれたとしても、「やり損」を感じにくいカルチャーができあがっているので、互いに気持ちよく仕事ができるようになるのです。

リモートワークが進むと、互いの仕事が見えづらくなり、誰が何をしているのか、会社がどんな状態なのかわからなくなっていきます。そこに、公の場で良い行動を称賛すること自体に報酬をつけると自然と仕事の見える化が進み、なによりお互いにリスペクトする気持ちが醸成されて会社のカルチャーが変わっていきます。

第5章でも述べますが、組織における人間関係をよくしていくことにもつながるでしょう。

組織内のアセットを「新結合」させる

本章の最後に、組織の中でのマネジメントのあり方が、ついに日本の巨大企業グループでも大きく変わりつつある事例を紹介します。

僕は今、株式会社日立製作所で、「Lumada：ルマーダ・イノベーション」エヴァンジェリストとしても活動しています。日立グループは、製造、開発からコンサルまで全方位型の事業を行っており、僕はいつも「発電所から鼻毛カッターまである会社」と紹介しています。日立のビジネスの大きさが一言で伝えられるのではないかと思い、講演などでもよく使わせてもらっているのですが、このように日立はすでに国内では圧倒的に強い企業グループですが、そんな状況でも自分たちから変化することを選ぼうとしています。

僕が経営層の人たちと話して驚いたのは、彼ら彼女らの柔軟な姿勢でした。みんな常に「わたしたちは変わらなければならない」「もっと努力しなければ」といっていて、いい方針だと思えば、ジョブ型雇用でも週休3日制でも、どんどん先に外へ発表する姿勢があるのです。

普通は社内ですり合わせてから発表するのがあたりまえでしょう。そうでないと、きっと関係部署が振り回されることになる。大きな会社ほどそうだと思います。でも、日立はグループ内のすり合わせに時間をかけるのではなく、**先に発表することで、できない理由を探させない**のです。どんどん変わっていくことを会社全体で推奨するという社風なのです。

2019年に、中西宏明名誉会長（故人）が日本経済団体連合会の会長を務めていたときにも、「終身雇用は制度疲労を起こして限界にきており、雇用維持のための事業を残さないほうがいい」という旨の発言をしました。古くなったビジネスから撤退することは、そこで働く人の居場所を奪うことにもつながります。

こうした発言によって現場は混乱するわけですが、僕はまったくネガティブな言動とは思えず、むしろ本気度を感じました。経営層が固い意思を持って変化を起こそうとしていて、それが今、全グループに浸透しつつある段階なのです。働く人たちも、時代から取り残されないよう、自ら変化していくことが求められていることが伝わってきます。

そんな日立で、2021年から僕がエヴァンジェリストをしている「Ｌｕｍａｄａ（ルマーダ）」とは、成長戦略の柱となる重要キーワードです。Illuminate（照らす・明らかにする・輝かせる）とData（データ）を組み合わせた造語で、DX（デジタルトランスフォーメーション）を通じて、さまざまな事業領域の顧客・パートナーとともに、社会イノベーションに取り組むことを意味しています。そのうえで、脱炭素・循環型の「グリーン」な世界を目指しながら、経験したことのない変化に立ち向かい、サステナブルな社会の実現に貢献していくとするコンセプトです。

つまり、Lumadaとは、社会に新たな価値を生み出す概念であり、この名を冠した製品もなければ、これをもってLumadaとするサービスもありません。日立グループ全体のポテンシャルを具現化するLumada事業があり、この事業を中心に、グリーン、デジタル、イノベーションに関する事業を推進していくという、グループの力が結集する旗印なのです。

なぜ、Lumada事業が生まれたのかというと、先に述べたように、日立グループには財産ともいえる、多分野にわたって積み重ねてきた数多くの経験と事業インフラが存在するからです。冷蔵庫や洗濯機のような白物家電もあればBtoBのビジネスもあるし、石油プラントも発電所もある。設計、開発から製造、販売まで行い、導入後のコンサルティングまで手がけている。あらゆるものを手がけているため、圧倒的な量の一次情報が存在しているのです。

ただ、これだけ多様な事業が独立したスケールで揃っていると、逆にいえば、容易にサイロ化（縦割り化）する可能性があるともいえる。たしかに、白物家電のメンバーが石油プラントの事業について詳しい内容を把握しているとは考えにくいですよね。

そこで、Ｌｕｍａｄａ事業という旗のもとに、部門の垣根を超えてグループ全体にある人的・物的・知的資本を結集し、新たなイノベーションを創出していこうとしているのです。

イノベーションとは「新結合」という意味であり、グループ内に存在するさまざまなデータに光をあてて、それぞれ独立して存在していた人的、物的、知的資本を新しくつなぎ合わせていくというわけです。

つまり、Ｌｕｍａｄａは概念でありながら、従業員が37万人もいる日立グループの成長戦略の核であり、顧客や社会に価値を創出していくという強い「思い」でもある。僕は、社内外にＬｕｍａｄａを伝道するとき、「Ｌｕｍａｄａは日立のスピリットだ」という言い方をしています。

マネジメントがよければ人は輝く

日立グループのように、多様な事業がそれぞれ独立できる規模で揃っていると、容易にサイロ化（縦割り化）する可能性があると述べました。でも、組織が縦割りであること自体は、別に問題ではありません。では、いったいなにが問題なのか？

それは、**縦割りになった組織が互いにいがみ合ったり、敵視し合ったりすること**です。

たとえば、マイクロソフト前CEO時代の役員のひとりが、利益を徹底的に追求する経営体制を敷いたときには、部署間で成績を競争することになりました。3年連続予算を達成しない人間は解雇するというおふれを出したのです。一見、合理的に見えるかもしれませんが、開発に3年かかる技術もあるし、たとえ技術が優れていても営業するのは別の人間です。誰がどういう責任をとるのか、難しい問題をはらんでいます。

結果、最初こそ競争をすることで一時的にセールスは伸びましたが、やがて事業や部署同士の軋轢や対立が激化して、イノベーションが起きなくなりました。優秀な人材も大量に流出し、株価がかなり下がりました。部署間が互いに対立し合うと、中長期的に企業価値が上がることはないのです。

しかし、その後、現在のＣＥＯでもあるサティア・ナデラが経営を引き継いで以降、好調な業績をあげているのは、彼が就任当初に、「地球上のすべての個人とすべての組織が、より多くのことを達成できるようにする」というミッションステートメントを打ち出したからです。「すべての個人とすべての組織」ですから、ここには顧客だけでなく社員も含まれています。

さらに、「我々の産業は伝統ではなく、イノベーションを尊重する」と述べ、みんなでより多くのことを達成しようという、まるで究極のきれいごとのような宣言をしました。会社というのは利益を追求する組織ですから、なかなか思い切った宣言だと思います。

しかし、その**きれいごとに徹底して取り組んだことで、セールスは最高値を叩き出し、株価も前経営者時代の最安値から約5倍も跳ね上がった**のです。

ポイントはやはり、**経営層が語るビジョンと、プレイヤーたちのイノベーション**にあります。デジタルは人類のインフラであり、ＶＵＣＡの時代の「正解がない問題」に対して向き合うには、リアルとバーチャルをつなげる視点は欠かせません。そこで、**事業部やプレイヤーたちにイノベーションの種が生まれそうなときに、経営層がタッグを組みやすい体制を整えることで、イノベーションが促進**されていきます。

日立グループは、2020年にスイスの重電大手ABBグループの送配電事業を約7400億円という巨額で買収しましたが、ABBの担当者と話したとき、「我々はLumadaがあるから日立にジョインしたのだ」と述べていました。Lumadaという発想（ビジョン）があるから、ABBのさまざまなソリューションが、日立の人的資本、物的資本、知的資本と新結合してイノベーションを起こせるというわけです。

このように、今の日本企業はどんどん変化しています。そんな時代に、一人ひとりのビジネスパーソンはそれぞれのスペシャリティ（専門的知識や技術）で評価されることになるし、それらをつなぎやすいジョブ型雇用に変わっていくのは必然的な流れです。

個人の観点からいっても、自分のスペシャリティを活かして仕事ができれば、仕事はより面白くなります。**仕事を「面白いか／面白くないか」という判断軸で選ぶ時代がやってきている**のです。

僕は普段、仕事で多くのビジネスパーソンに会いますが、ユニークなスキルや面白いアイデアを持っているのに、なぜか自分で自分にブレーキをかけている人がたくさんいるように感じます。「たいしたことないですよ」「いやいや、わたしなんて……」と謙遜して、自分のスペシャリティを肯定しない、あるいはオープンにしないビジネスパーソンは本当にたくさんいます。

でも同時に、今は**自分のスペシャリティを活かすからこそ、自分とまわりの人、また顧客もハッピーにできるということに気づいた人が、あらゆる場所で多様なムーブメントを起こしはじめています。**

そんな言動に触れると、ここ何十年も日本企業についてネガティブなことがいわれ続けてきましたが、日本企業だって本気を出せば、あるいは個人の本気を活かしてあげる環境があれば、どんなことだってできると感じます。

そんな環境をつくり、道筋を描いてあげることこそが、マネジメント層に求められる仕事なのです。

第5章

視野を広げる人間関係術

ネガティブな評価の影響力に気づく

第5章では、多くの人の悩みの種である、人間関係のしがらみから「外」へ出る方法について述べていきます。まず、職場の人間関係の前に、あなたのまわりの「身近な人」との人間関係を考えましょう。

子どもの成長過程を振り返ると、最初は親がいて、次に教師やクラスメートとの人間関係があると思います。この初期の人間関係において、僕の場合、親からの評価は「とにかくおしゃべりでうるさい子」というものでした。男三兄弟の末っ子でしたが、兄たちとは年齢が離れていたので、いつも母にばかり話しかけていたからです。

また、中途半端に口が立ったこともあり、母からはよく「わかった、わかった、うるさいねえ」とばかりいわれていたのを覚えています。父が単身赴任でいない時期もあり、母も大変だったのでしょう。

そんなこともあり、僕は子どもの頃から「自分はうるさいんだ」と思っていました。そして、母のイライラした様子から、それは悪いことだと感じていたので、その当時は自己評価がとても低い子だったと思います。

でも、今の僕は、まさにその「話す力」を使って仕事をしています。つまり、**ものごとは解釈や評価次第**だということです。仮に、僕がずっと自己評価が低いままだったなら、話す力という能力を開花させることはできなかったかもしれません。

つまり、**他者からのネガティブな評価は人の可能性を狭める。あるいは、成長を止めてしまう可能性がある。**とくに幼少期に身近な人から受けたネガティブな反応や評価は、その後の人生に大きく影響する可能性もあるでしょう。

ちなみに僕の場合は、1995年にインターネットが普及しはじめたことで、時代が大きく変わり、幸運にも、自分の「話す力」という能力を活かせるポジションをつくることができました。もともと文系出身の自称ポンコツエンジニアとして苦労していたところに、環境のほうが大きく変わったことで、「多くの初心者に、インターネットやテクノロジーについてわかりやすく教えるポジション」を得ることができたのです。

お伝えしたいのは、世の中には家庭環境や時代の流れなど、自分の力ではどうすることもできないものもありますが、**自分の居場所を変えたり、自分の扱いを変えたりすること**

はできるということ。これは重要なポイントです。

僕は大きな環境の変化に対して、なにか特別な努力をしたというよりも、自分のアンテナに引っかかったものに直感的に反応して行動に移してきました。具体的には、「**インターネットが中心になる世界がこれから訪れる**」**と直感したときに、すぐさまパソコンを買うという行動をした**のです。

今でこそパソコンは普及していますが、当時パソコンを持っている人はほとんどいない時代でした。パソコンでできることはまだまだ限られていたし、普通は会社の仕事で使うものであり、たいていの人は、「家に帰ってまでパソコンに触るなんて君も物好きだね」という評価だったのです。

ここでまわりのネガティブな評価を真に受けていたら、「僕は間違っているのかな？」と自信がなくなっていたことでしょう。でも、ものごとは解釈次第、受け取り方次第であり、マネージャーに恵まれて幼少期のネガティブな評価を徐々に乗り越えつつあった僕は、直感に従ってパソコンを使い続けました。

当時、家でパソコンに触るといっても、ネットサーフィンをしたりゲームをしてみたりして、遊んでいただけです。でも、自らはじめたことなので、とにかく楽しかった。そして、扱ううちに、「これは知っておくことで大きな差がつく」と実感したのです。

このとき、将来的に全世界の人がみんなパソコンを使うようになると腹落ちしていたかというと、微妙な面もあったかもしれません。ただ、僕のもとに「インターネットってどうなの？」「パソコン買ったほうがいいかな？」などと相談してくる人が、少しずつ増えていました。

すると、僕は急にエンジニアとしてはポンコツでも、素人からしたら「テクノロジーに詳しい人」というポジションになっていることに気づいたのです。**僕自身は変わっていないのに、時代が変わることで、僕のポジションが変化したわけです。**

僕自身がテクノロジーにめちゃくちゃ詳しかったら、きっとパソコンを触ったこともない人に説明するのは逆に難しかったはずです。でも、その点は僕もスペシャリストではないことが功を奏して、相談に乗ってあげた人が満足して、次々にそういった話が聞こえてくるようになりました。それで、「これはもっと多くの人が使いはじめるのでは」と考えるようになったのです。

直感にしたがってパソコンを買うという行動をしたことが、結局は大きな差となり、幼少期のネガティブな思い込みを完全に払しょくすることができたのでした。

複数のコミュニティを往復する

僕がかつてパソコンを自分で触りはじめたのは、純粋な楽しみが理由でした。ただ、会社の「外」の友人の中にもパソコンをやりはじめる人がちらほらといて、そんな「外のものさし」を知ることが、インターネット時代の到来という「メタ思考」にもつながっていたのかなと、今になって思います。

ここからいえるのは、**複数のコミュニティに接点を持ち、いろいろな人たちと触れ合うことの大切さ**です。

自分ひとりで考えることの大切さはいうまでもありませんが、それを前提にしたうえで、いろいろな人たちに話を聞いて、「**自分ができること／できないこと**」「**得意なこと／得意ではないこと**」「**好きなこと／好きではないこと**」**を把握していく。**そんな幅広い視点を確保していると、自分自身のことを「メタ思考」しやすくなります。

自分自身について曖昧にして、ただ「わからないから」と他人にやみくもに相談ばかりしていると、その行動自体がリスクになる可能性もあります。

たとえば、僕は自分が信頼できる相談相手として、「この人」と決めた人を分野ごとにあらかじめ決めています。「自分ができること」や「自分がやりたいこと」に集中したいので、それ以外のものごとは、普段から信頼できる人を探して、まかせられるように準備しているわけです。

財務関係はすべて税理士さんにお願いし、法務関係も気軽に相談できる弁護士の友人がいます。また、スケジュール管理が苦手なので、すべてのスケジュールを「キャスタービズ」のオンライン秘書さんにおまかせしています。

ほかにもさまざまな分野の相談相手がいますが、それができるのは、「自分ができること」や「自分が苦手なこと」、「自分がやりたいこと」を定義できているからです。

要するに、**自分には判断できなかったり、判断に時間がかかったりする問題の種類がわかっていれば、相談相手が明確になる**というわけです。

逆にいうと、その道の専門家でない人に相談すると、トラブルになる可能性が高まります。いくら親しい人間関係があり、信頼が置ける人であっても、さほど意味がないフィードバックである可能性は十分あります。

先に述べたように、もしその人がネガティブな評価をすれば、その判断や評価に引っ張られる可能性もあるでしょう。

だからこそ、自分自身とともに、世の中にはいろいろな視点があることをしっかり認識し、いつもの人間関係の外へ出て、多くの人と知り合う姿勢がとても重要です。

僕は、以前は完璧主義者で、すべてを自分でやろうとする人間でしたが、ある時期を境に、「自分の視点だけでは立ち行かないぞ」と思いはじめました。そして、そんな自分をメタ思考できたからこそ、それぞれの専門家に積極的に相談できるようになったのです。

複数のコミュニティを往復しながら、新しい人間関係をつくり、自分の視野を広げていくことが、同時にメタ思考力を高めてくれるのです。

互いに助け合い、補い合うからうまくいく

普段所属するコミュニティ以外の「外のものさし」を持つと、自分では思ってもみなかったことを指摘されたり、教えてもらったりする機会が生まれます。こうした**オープンな**

人間関係から得られる情報や気づきこそが、あなたがこれから成長していくために欠かせないリソースとなります。

また、前章のマネジメントにも関連しますが、自分が誰かほかの人に対して指摘したり、教えたりするときも同じです。自分が持つ情報や知見などを積極的に相手に「GIVE」することで、相手はよりよく成長できます。そして、相手もあなたに「GIVE」を返してくれる確率が上がり、自分も成長していけるのです。

ちなみにこれは、組織心理学者のアダム・グラントが『GIVE&TAKE「与える人」こそ成功する時代』（三笠書房）で提唱した考え方です。

彼は、組織における人間には大きく「ギバー（人に惜しみなく与える人）」「テイカー（自分の利益を優先させる人）」「マッチャー（損得のバランスを考える人）」という3タイプがいて、もっとも成功するのは「ギバー」だと主張しています。

さて、30ページで、今後到来するWeb3.0の時代は、ブロックチェーン技術の発展により、あらゆるものが中央集権型からコミュニティ型に変わっていくと述べました。そこでは個人が、自分の特性やスキルを活かして自由に活動できるのが大きな特徴です。

Web3.0の時代をひとことで表すと、「個の時代」の到来です。誰かが専制君主のように命令し、多くの人がそれに従うというかたちではなく、コミュニティ型では、個人それぞれが、できることをその都度判断し、能動的に動いていくことによってうまくまわっていきます。

コミュニティ化していくということは、自分自身で考え、自分自身で行動していくことなのです。

ただし、人それぞれ得意なことが違えば、その達成度合いも違います。そんな個人がそれぞれ好き勝手に行動しているだけでは、コミュニティはうまくまわりません。

これは、経営コンサルタントのエリヤフ・ゴールドラットが『ザ・ゴール――企業の究極の目的とは何か』（ダイヤモンド社）で指摘した「全体最適化理論」にも通じます。ものごとの全体（工場の生産工程など）を最適化しようとするときは、その中で**ボトルネックになっている部分を見つけて、それを必要に応じて最適化することが、全体の最適化につながる**という考え方です。

これをコミュニティに援用すると、ものごとはボトルネックに引っ張られるわけですから、ボトルネックになっている人に対して、共感などの気持ちを持たない状態になると、そのコミュニティの人間関係は非常にギスギスした状態になります。

たとえば、中央集権型を修学旅行としてみましょう。学校が決めた旅程に従って旅が進みます。引率する教員たちの言うことをきかないと怒られ、旅が中断されることもありますが、従っていれば予定通りの旅になるでしょう。

これに対して、コミュニティ型とは、仲間同士のキャンプやバーベキューのような状態です。偉い人はいませんから、みながフラットな立場で集まってできることを分担します。火の扱いに慣れている人が火をおこし、重い荷物を持てる人が荷物を運び……では、キャンプ初心者で料理も苦手な人はどうすればいいか？　ボトルネックの立場は本人も辛いでしょう。こういう場合、きっとみなさんなら、「こっち手伝ってよ！」などと声をかけて、一緒に作業ができるように巻き込んであげるのではないでしょうか。

このように、**コミュニティでは、一人ひとりが「ギバー」の精神を発揮しなければなりません。**

お互いに助け合って、補い合いながら、それぞれの役割分担が必然的にできあがっていくと、そのコミュニティはうまくいく。当初ボトルネックだった人も、きっと役割を与えてくれた人に感謝し、別のかたちでコミュニティに貢献しようと奮起してくれるでしょう。

他者ができなくて困っていることを見つけて、自分ができることをGIVEし、他者に貢献することで、人間関係はうまくまわっていくというわけです。

人の欠けている部分だけを指摘するのはただのバカ

みなさんは「ランドルト環」というものを知っていますか？　視力検査でよく用いられる、あの欠けた輪のことです。

■ランドルト環

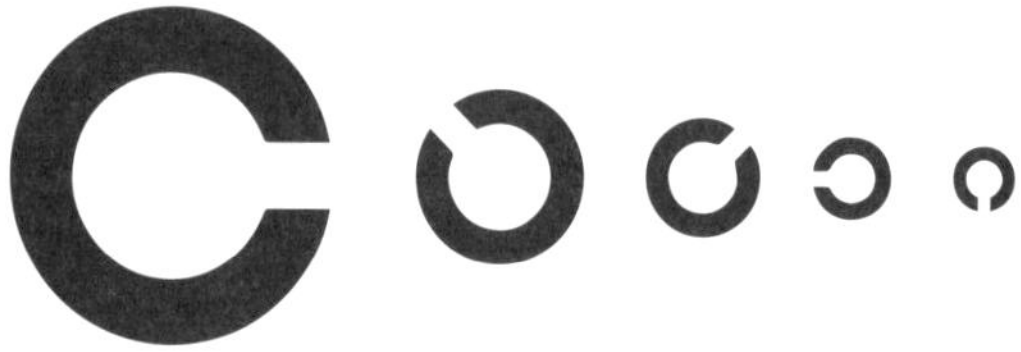

これを見ていただくと、あたりまえですが、欠けている部分はすぐわかります。「右が欠けている」などと、簡単に説明できるでしょう。

では、「輪の部分を説明してください」といわれたらどうでしょうか？　すごく難しくないですか？　線の太さや直径、黒の色味……など、いろいろなことを理解していなければ説明できません。

なにがいいたいのかというと、「**人の欠点はバカでもわかる**」ということです。

欠けている部分を指摘するのは、おおよそ誰にでもできます。つまり、他人の欠けている部分だけを指摘してドヤ顔をしている人は、見ればわかるものを大きな声でいっているだけだということです。でも、そういう人に限って、得意満面の顔をしているんですよね。僕の苦手なタイプ。彼らは「目がいい」だけで「頭がいい」わけではないと、いつか気づいてほしいと願ってしまいます。

仮に、チームメンバーの誰かが想定外のミスをして、そのミスを指摘しているマネージャーがいたとしましょう。ですが、誰かが思わぬミスをするという想定外の出来事を、どのように処理するかこそ、マネージャーの腕の見せどころなのです。もっといえば、**想定外のことが起きることを想定内にしておくことがプロ**だと僕は思います。

そこで、他者のミスや困っていることに共感することが必要になるわけですが、ミスなどを指摘するときに注意したいのは、「それはダメだから直してみたら？」と、相手へのダメ出しから入ってはいけないということです。**否定から入っても、相手はそれを受け取りづらくなるだけ**だからです。

そうではなく、「イエスバット法」のように、「その方法はいいね。こうやったらもっといいかもね」「この部分はこうすればもっとよくなるよ」というふうに、**まず相手の意見を肯定する「GIVE」をしてみましょう。**それだけで、相手は続く指摘もスムーズに受け取りやすくなるはずです。

いずれにせよ、人の欠けている部分をただ指摘するだけならバカでもできる。これからのビジネスパーソンは、一歩先の伝え方で新しい人間関係を築き、そこから自分も相手も進化させるのです。

「他者をほめる」という生存戦略

さらに、みなさんが職場やコミュニティで豊かな人間関係を築くために、具体的にできるシンプルなことがあります。

それは「**他者をほめること**」。

以前、こんなことがありました。

武蔵野大学アントレプレナーシップ学部長の伊藤羊一さんが、著書の『1分で話せ 世界のトップが絶賛した大事なことだけシンプルに伝える技術』（SBクリエイティブ）に関連した、〈1分で話せ！ピッチイベントTalk Your Will〉というイベントが全国で行われていました。これは、さまざまなバックグラウンドを持つ参加者が、自分の「譲れない思い」を1分で話し、それに対してコメンテーターが即座に1分でコメントを返すというイベントです。

僕は友人として10カ所ほど、森本千賀子さん（株式会社morich代表取締役）、志水静香さん（株式会社Funleash CEO）とともに、コメンテーターとして参加しました。

このときの僕たちのルールが、「絶対にほめる」です。審査員ではないので、参加者が1分で話したら、ほぼ時間を置かず「はい、澤さん」と指されて、1分でほめなければなりません。これはとても頭を使いました。

なぜなら、人によってはすぐ「いいね」といえる人もいたのですが、そもそもプレゼンがはじめての参加者も多く、多くの人が1分でうまく話せない状態だったからです。もちろん思いは伝わってきますが、ピッチとして、指摘する箇所はいくらでもあったわけです。

でも、欠けているところを指摘してはならないのだから、人によっては、まるで砂場で針を探すようにほめる部分を探すこともありました。瞬時に人をほめることは、トレーニングが必要なとても難しいことだと再認識したのです。

ここですぐにできる、具体的に人をほめるトレーニングを紹介しておきましょう。

それは、**ひとこと目で「いいですね！」と返す**こと。

相手がなにをいおうと、ひとこと目から「あ、それはいいですね！」「それは素敵ですね！」と、まずポジティブワードですぐ返すというわけです。すると不思議なことに、それに続く「ほめポイント」を、頭が高速で探すように働きはじめます。普通は自分でいったポジティブワードを、ふたこと目で否定できません。そのため、瞬間的に相手のいいところを探しはじめるのです。

もし相手の話の内容にいいところが見つけられなかったら、「いい声ですね！」「いい笑顔ですね！」「素敵な服ですね！」など、なんとしてでも「ほめポイント」探すようになります。これはとてもいいトレーニングになります。

「他者をほめること」が自然にできるようになったとき、あなたのまわりに多くの人が集まってくることに気づくはずです。なぜなら、**みんなにとって、あなたは「自分のいいところを瞬時にほめてくれる人」として認識されるから**です。**人はそんなポジティブな人と、いい人間関係を持ちたいと思うもの**だからです。

繰り返しになりますが、他者の欠けている部分を指摘するのはバカでもできます。そんな人のもとに人は集まりません。あるいはネガティブな人ばかりが集まるようになります。でも、他者をほめたり、優しくしたり、共感できたりする人は、それが簡単なことではないがゆえに、大きく差別化され、結果的に豊かな人間関係を築くことができます。

他者をほめることは、実は難易度が高いゆえに、強力な生存戦略にもなり得るのです。

アンガーマネジメントとは「うまく怒る」こと

ここまで、他者の欠けている部分を指摘するのではなく、他者をほめることこそが人間関係を豊かにし、また強力な生存戦略にもなるとお伝えしてきました。

しかしながら、世の中にはどうしても自分の価値観と合わなかったり、気に入らないと感じたりする人がいるものです。また、そんな人と毎日会社で会うような、しんどい環境にいる人もいるかもしれません。

そんなとき、他者に対する「怒り」のほうに気持ちを乗せてしまうと、感情のコントロールができなくなり、むしろ自分のほうが、傍から見て「あの人大丈夫？」と思われるような態度をしがちになります。

けれども、自分を「メタ思考」できる力があれば、感情をコントロールしやすくなります。


「今、自分は他者からどのように見えているのか」

「もうひとり自分がいたなら、今の自分を見て誇りを感じるか」


激しい感情にとらわれそうになったとき、そんなことを考えるのはとても重要です。

このプロセスを体系化したものが、一般的に「アンガーマネジメント」と呼ばれるメソッドです。ここまでなら、聞いたことがある人も多いと思います。ただ、アンガーマネジメントは「怒らないようにするテクニック」ではありません。

アンガーマネジメントとは、怒りで後悔しないための心理トレーニングです。

すなわち、「感情にまかせたことによって、後で後悔するような怒り方をしない技術」であるとともに、**「あのとき怒っておけばよかった！」と後悔をしないことも、アンガーマネジメントでは大事**になります。

アンガーマネジメントは、文字どおり、怒りをマネジメントすることであり、怒りをなくすことではなく、いわば**「うまく怒る」技術**なのです。

ならば、他者に対して「うまく怒る」にはどうすればいいかという疑問が生まれます。

これは、150ページの「マネージャーの職務はメンバーとの対話だけ」にも通じますが、**「うまく怒る」ために、まず重要なのは「ファクト」**です。なぜなら、事実確認でお互いに合意できていなければ、怒る根拠がない状態となるからです。相手にとっては、「それってあなたの感想だよね？」で終わってしまうでしょう。

なぜ怒っているのか、まずそのファクトを伝えなければ、相手にあなたの気持ちは伝わりません。ファクトをわかりやすく共有する説明の技術は、実は重要なアンガーマネジメントにつながっているのです。

また、腹の立つ指摘をされたときなど気持ちが動揺していると、怒りを表明したほうがいいのか、もしかして自分がわがままなだけなのか、正確に判断できない場合もあります。そんなときは、少なくとも、「自分はなにを感じたか」を表明しておくのがひとつの手になります。

「誤解されているようで、ショックです」
「ご指摘に少し動揺しています」

そんなひとことを、とりあえず相手に伝えておく。このとき、自分の思いや違和感を続けざまに吐き出すと感情的になってしまう可能性があるため、ファクトや「感じたこと」をとりあえず共有しておき、冷静に考える時間を確保するテクニックです。続きは、翌日以降でも、もっと先でも、「今はちょっと動揺しているので、後日説明させてください」といって、その場を離れましょう。もう少し強い印象を残したいなら、

「すみません、わたし的には引っかかるところがあります」

くらいの言い方なら、相手に対して感情をそのままぶつけていることにはならないでしょう。

いずれにせよ、我慢してなにもいわずにその場を去ると、気持ちが怒りで乱れたままになり、後日その話を持ち出すきっかけが見つけづらくなりますし、相手は相手で、正しい指摘をしただけだと考えているので、忘れてしまう可能性も高くなります。でも、一言その場で不快である、という感想を伝えておくことで、相手にも「まずかったかな？」と考えるきっかけを残すのです。

もし一日考えて、自分に非があったと思ったら、「昨日はちょっと動揺してしまいましたが納得しました。すみませんでした」と謝ればいいだけです。

このように「うまく怒る」ことは、「**今の自分に余裕があるかないかを、客観的に認識する**」ということです。

僕の友人に、一般社団法人日本アンガーマネジメント協会理事の戸田久実さんがいますが、彼女と話したとき、「**アンガーマネジメントは、怒りという自然に発生する感情をうまく扱うこと**」という趣旨の発言をされていました。

また、同協会代表理事の安藤俊介さんは、『アンガーマネジメントを始めよう』（大和書房）の中で、「**怒る必要のあることに対しては上手に怒れて、怒る必要のないことに対し**

ては怒らなくて済むようになることです」と書かれています。

人間関係がおかしくなる理由とは

アンガーマネジメントでは、「わたしとあなたは違う」「自分と他者は違う」ということを認識しておくことも重要です。

ここでひとつ、私が先にもご紹介した小柳津篤さんから教えてもらったワークをアレンジしたもので考えてみましょう。

旅行で日本に来ていたモハメドさんは、ラーメン屋で食事をし、会計をするときになって財布を忘れたことに気がつきました。

日本語が話せないモハメドさんは、「後で払いに来る」と説明しようとしましたが、ラーメン屋の店主は警察に通報してしまいます。

駆けつけた警察官はモハメドさんを連行しますが、その様子をスマホで撮っていた隣の客はＳＮＳで動画を拡散し、この動画が原因でモハメドさんは国外退去になりました。

Q. この4人を「許せない順番」に並べてみてください。

1　モハメドさん
2　ラーメン屋の店主
3　警察官
4　隣の客

おそらく、人によって順位がまったく変わってくるかと思います。

もちろん、お財布を忘れたモハメドさんが悪いという人もいるでしょうし、事情も考えずに警察に通報した店主が悪いという人もいるでしょうし、職務とはいえすぐに連行する警察が悪いという人もいるでしょうし、SNSで目の前のトラブルを拡散して承認欲求をかなえようとする人が悪いという人もいるでしょう。

同じ文章を読んでいるにもかかわらず意見が割れる原因は、お互いの「べき」が一致していない、ということです。

「こうあるべき／こうあるべきではない」とあたりまえのように思っている、その「べき」というものは、すべてパーソナライズされたもので、人によってまったく違うものなのです。

そのことを理解しておかなければ、「べき」がみんな一緒であるとつい思ってしまいます。そうして、正義対正義の戦いに陥ってしまう。「べき」にズレが起きたとき、「わたしとあなたは違う」というあたりまえの事実が、簡単に正誤の問題にすり替えられてしまうわけです。

そうして、「あなたがおかしい」「あなたこそ間違っている」と、お互いを責めることにつながっていく。

こうした争いは、ビジネスや日常生活に限らず国際社会でも生じており、今の世界に大きな影響を与えているのは周知のとおりです。

繰り返しますが、**「わたしとあなたは違う」「自分と他者は違う」ということを認識することが、アンガーマネジメントでは重要**とされます。

わたしたち人間には**「認知バイアス」**があり、「男なんだからこれくらい耐えられるだろう」「わたしの子どもなんだからこれくらいできるだろう」というような思い込みを持つ傾向があります。

ほかにも、「女性なんだから」「社会人なんだから」「長男なんだから」「課長なんだから」と、他者が押しつける評価や基準は身のまわりにいくらでもあります。

そして、そんな期待に相手が応えられないことを知ったときに、怒りの感情を持ったり、相手を無理やりコントロールしようとしたりする行動につながるのではないでしょうか。

フェアに仕事する文化をつくる

さて、先のワークのような場合は、いったいどう考えればよかったのでしょう?

トラブルを避けるためには自分の基準や価値観を、**事前に共有しておくことが大切です。**

相手が誰を正しいと考えようと、それは相手の基準や好みであり、こちらにはコントロールできないこと。でもビジネスの話に置き換えると、自分の考えや意図、判断などは、事前に説明しておくことで、余計な誤解を避けることができると考えることができます。

つまり、**お互いに合意できるルールを明文化しておくことが原則になる**ということです。

僕は、**職場に明文化されていないルールが存在するのは不健全**だと考えています。

少なくとも仕事に関しては、「なにをもって仕事を成したとみなすか」ということが明文化され、合意されていることが絶対条件だと思います。

たとえば、職場でよくあるのは、自分の仕事を早く終えた人に、「手が空いているならやって当然」とばかりに部署全体の仕事が降ってきたり、誰かのヘルプにまわされたりすることで、結局、早く帰れなくなるような状況です（そんな会社に限って残業代がつかないことも多い……）。

もちろん、本来それはきっぱり断ることができるものごとです。でも、なぜか断りづらいのは、ルールが明文化されていないからです。そのために、まわりの空気を読んだり、断れば評価に響くのではないかと恐れたりしてしまうのでしょう。

そんなルールが明文化されていない仕事を受けると、文句のひとつもいいたくなりますよね。でも、厳しい言い方ですが、**文句をいうくらいなら、そんな仕事はやってはいけないのです。**

それを引き受けると、「名ばかりマネージャー」を甘やかし、アンフェアな仕組みが維持されてしまうので、必ずノーといわなければならないのです。あるいは、その仕事が断りづらいなら、163ページで述べたように必ず「見返り」を求めましょう。

これが本来の、フェアに仕事をするという状態です。

もし、「どうしてもそんなことはできない」という会社に属しているのなら、大切な人生を搾取され続ける可能性があるので、それこそ転職を考えてもいいくらいだと思います。

自分ができることに集中する

本章では、人間関係に問題が生じたときの、その根底にある要因と対処法を紹介してきました。先に述べたように、僕は人間関係の問題は、「わたしとあなたは違う」ことを認めたときに、解きほぐされていくと考えています。

「わたしとあなたは違う」ということは、「**相手は自分の思いどおりには動かない**」ということにもつながります。この認識を前提にしたとき、**人は他人に対して過剰に期待し過ぎないようになる**のではないでしょうか。

他人に過剰に期待してしまうために、その期待を裏切られたと感じたとき、がっかりしたり、いいようのない怒りにとらわれたりします。でも、自分がコントロールできないことに期待をしてしまうのは、いわば宝くじを買うようなもので、期待どおりになるほうが珍しいのです。宝くじに当たらなかったからといって、いつまでも怒ったり、がっかりしたりしていても仕方ないのですから。

僕は、人間関係の問題が起こったときも、**自分がコントロールできる部分を探し、その行動に集中する**のがいい対応策だと考えています。161ページで紹介した「4象限マトリクス」を使って、人間関係の問題を整理するのです。

問題を「コントロール可能/コントロール不可能」「重要・緊急・優先度高/重要・緊急・優先度低」の4象限で分類し、自分ができるアクションを探してみるといいでしょう。

もうひとつ、人がなにかを発言したときは、その言葉だけでなく、その人全体を見るようにしましょう。その人がどんな生き方をしていて、どんな立ち振る舞いをして、どのような性格であり、自分との相性はどうなのか。その言葉は、どんな場面でいわれたことなのか。そんな相手の全体像を考慮したうえで、相手の言葉の真意を汲み取ることも重要なポイントです。

以前、こんな出来事がありました。ある人の仕事が僕の知っているジャンルのことだったので、「なにかあったら相談に乗りますから、いってくださいね」といって別れたのですが、後日「相談したいことがある」といってこられたときは、あいにく僕の予定が詰まっている時期でした。何度かやり取りしても、なかなか予定が合わず、「どの日も埋まっているから、ちょっと先になるかもしれません」と応じたところ、その人は急に「相談に乗るといったのに！」と怒りはじめたのです。

僕は相談に乗らないなんていっていませんし、ただ予定が合わなかっただけなので、その人の反応に驚きました。その人が怒っているのは、「自分に合わせようとしてくれない」という理由だからです。相手と自分が違う人間で、相手には相手の優先すべき予定があるということがわかっていないから、まるで僕が避けているように見えたのでしょう。ただ、自分が提示した予定に相手が合わせてくれないからといって、怒り出すのはちょっと変ですよね。相手の予定が埋まっている状態は、まさに「自分でコントロールできないこと」です。そんな場合は、あきらめるか、日をあらためるか、「どうすれば時間を見つけられますか？」と問えばいいのです。そうすれば、いわれたほうはなにか提案ができるかもしれません。

大切なのは、**相手としっかりコミュニケーションをする**こと。そうすれば、それは人間関係の問題ではなく、ただの時間配分やプランニングの問題に落ち着いていくのです。

もしかしたら、みなさんも仕事で、似たような経験をしたことがあるかもしれません。マネージャーが「いつでも相談しにきて」といったのに、相談しようとすると、その人はなんだかんだ忙しくて、「相談なんかさせてくれないじゃないか」と思ってしまう。「いつでも」といわれたのに、全然時間をもらえず戸惑いを感じることもあるかもしれません。

でも、「相手は自分の思いどおりには動かない」ものなのです。

ここで相手とコミュニケーションしたり提案をすることなく、「相談に乗ってくれない」と思っていたりしても、もやもやした気持ちが募るだけで、すれ違いの状況は一向に解消されないでしょう。

ときには、相手は相談に乗るつもりがないから、忙しくしているのではないか？　なんて疑いの気持ちが出てくることもあると思います。でも、これらに相関関係はありません。あなたを避けているわけでもなく、**ただ相手にプランがないだけ**の話です。そう考えると、気持ちが少しラクになりませんか？

仮に、相手があなたを避けていたり、嫌っていたりする証拠があったとしても、それでも「相手は自分の思いどおりには動かない」のです。ならば、「いつでも相談しにきて」という言葉は、単なるその人なりの挨拶であり、意味なんてなかったのだ、と理解して終わりにすればいいと思いませんか？　挨拶は「こんにちは」とは限らないし、「いつでも相談しにきて」と口から出た瞬間に、字義通りの意味を失う。そういうものです。

マネージャーはいつでもメンバーの相談を聞くべき、マネージャーはメンバーの予定を優先してスケジューリングをするべき、そんなふうな自分の思い込みも、きっと怒りのもとになっています。

でも、「わたしとあなたは違う」という認識を前提にすれば、わずらわしい人間関係の問題でも、「自分がコントロールできること」に集中できます。**相手のことをあきらめ、相手に期待し過ぎないこともまた、立派な「自分がコントロールできること」**です。

そのうえで、普段から、「できる限りいい人間関係を構築しよう」というマイドセットを持っておくこともやっぱり重要だと思います。

かつてマイクロソフトにいたときに何度も体験したのですが、海外からマネージャーが会いにきたとき、彼ら彼女らはほとんど仕事の話なんてしませんでした。ではなにをするのかというと、とにかくオープンマインドで、相手と仲良くなろうとするのです。

なぜなら、いい人間関係を構築できていれば、その後にトラブルが起きたり、いいづらいことが生じたりしても、コミュニケーションがしやすくなるからです。

「自分と他者は違う」という認識をはっきりと持ちながらも、そんな他者といい関係を築くために、ふだんからできる限り心を配っていく。

そんな地道なコミュニケーションを積み重ねることで、わずらわしい人間関係が豊かな価値観を提供し合える場へと変わっていくはずです。

第6章

ストレスをなくすシェア力

「面白いかどうか」で判断する

最終章では、仕事や人間関係にも大きく影響を与える「ストレス」に対して、うまくつき合っていく方法を見ていきます。

僕は普段からひとつ、心がけていることがあります。それは、**世の中を「面白いか／面白くないか」という判断軸で見る**ようにすること。そして、なるべく自分で面白いと感じることを自分の意思で選ぶようにして、たとえそれが難しいときでも、面白くないと感じることは徹底的に避けるようにしています。

「面白いか／面白くないか」を判断するのは、自分自身の感覚をもとに決めることなので、自分の中に「答え」があります。

つまり、「**面白いか／面白くないか**」**は、自分で選択することができる。**しかも普段から自分で判断と選択をして過ごしていると、少しずつ「**自己肯定感**」**も高まる**ようになっていきます。

一方で、「**正しい／正しくない**」「**優れている／優れていない**」**といった判断軸で生きて**

いると、人は簡単に不幸になってしまう。なぜなら、「正しい／正しくない」「優れている／優れていない」といった判断軸は、自分で簡単に選択できるものではないからです。いや、そもそも、それをどう判断するのかという根本的な基準は、社会全体でも常に揺れているものだからです。

僕は「面白いか／面白くないか」で判断するという割り切りができるようになってきた頃から、生きるのがとてもラクになりました。

正直にいうと、僕も30代前半までは、とくに仕事面で「正しい／正しくない」「優れている／優れていない」といった軸で、ものごとを判断していた面があったと振り返ることができます。そして、そのときはとてもしんどかった。

結局、「なにが正しい行動なんだ」「なにが優れている状態なんだ」と考えるということは、いつまでも他人の目線や評価を気にし続けることになるのです。

でも、30代半ばを過ぎた頃から、仕事が少しずつうまくいくようになったのは、知識や経験がついてきたことに加えて、「こっちのほうが面白くないですか？」というように、「面白いか／面白くないか」を判断軸にして提案する僕のスタイルを、顧客が受け入れてくれるケースが増えていったからです。

今思うと幸運でしたが、その頃、僕のもとには「前例がない仕事」がよくまわってくるようになっていました。前例がないというのは、うまくいくためのレシピがない状態なので、ちょっと怖いことでもあります。でも、目の前にはリアルな仕事があるわけですから、やるしかないと腹をくくり、自分でやり方を編み出しながら仕事に取り組むようにしていたのです。

おかげで顧客と一緒に力を合わせて、お互いに「面白さ」を追求しながら進めていった案件が、最終的にとても満足いただけたという成功体験も積むことができました。こうした経験を重ねる中で、**仕事というのは誰かにいわれたとおりにやるのではなく、むしろ自分と顧客がパートナーとなり、自分たちで考えて決めていくこと**だと知ることができました。

そうした仕事をとおして、僕は自分の「面白いか／面白くないか」という感覚をどんどん信じられるようになっていったのです。

実は、僕はこの話をいろいろな場所でしてきましたが、そのとき必ずといっていいほど指摘されることがあります。それは、「そんな仕事ばかりじゃない」「組織にいると自分で決められることはそんなに多くない」という反応です。

もちろん、それぞれ職場の環境は異なるので、僕が普遍的な答えを持っているわけではありません。

でも、ひとつ言えるのは、**自分で決めないというのもその人の選択**だということです。

もし我慢しなければいけないのなら、その我慢しなければいけないストレスフルな状態を受け入れているのは、やはりその人の選択なのです。

少し厳しく思われるかもしれません。

でも先に述べたように、僕は社会の中で最低限守らなければいけないのは法律だけだと考えています。法律さえきちんと守っているなら、あとは個人がする選択に対して、どんな立場の人であろうと、なにもいうことはできないと考えているのです。

自分の長所は自分で決める

では、世の中を「面白いか／面白くないか」という判断軸で見て生きていくためには、具体的にどうすればいいのでしょう。

僕の考えは、「**自分ができることだけをやる**」ということです。

自分ができること以外に目を向けないようにして、まずは自分ができることにひたすら集中するわけです。

裏を返せば、「**自分が嫌いなことを徹底的に避ける**」ことに尽きます。だって、自分が嫌なものは、どうしたって嫌ですからね。それを我慢してこそ大人だと考える人もいるし、それはもちろん自由ですが、僕はそんな人とはあまりつき合わないようにしています。

「自分ができること」というのは、自分の得意なことや長所と言い換えることもできます。

ただ、自分の長所といっても、僕たちがこれまで受けてきた日本の紋切り型の教育の中では、おそらく見つかりにくい面があると感じます。

たとえば僕は社会人になってからスキーや空手をはじめましたが、最終的に空手は参段、スキーも正指導員の資格を得ることができました。でも、学校の体育は苦手で、成績は5段階でたいてい2か3だったのです。はたして僕は運動音痴なのかどうか、よくわかりませんよね？

要するに、ひと口に長所といっても、世の中には「ものさし」がいろいろあるということです。一般的に、学校の体育の成績がよければスポーツが得意とみなされますが、**別の「ものさし」があれば、得意なものなんていくらでもつくることができる。**

ひとつの「ものさし」にとらわれていると、その「ものさし」だけで長所や短所を位置づけてしまいますが、人間はそんな単純なものじゃありません。場所や時間が違えば、長所が短所に反転することもあるし、そもそも世の中には違う種類の「ものさし」なんていくらでも存在します。

つまり、**自分の長所は、自分で勝手に決めていい**のです。

「誰かよりも得意」「誰かよりも優れている」なんて要素も必要ありません。

もちろん、スポーツをはじめ共通のルールに基づいた競技で順位をつけるためには同じものさしも必要でしょう。でも、「わたしは足が速いのが長所です」という人がいたとして、「じゃあ、ウサイン・ボルトより速いの？」って聞くのは、問いとしてかなりおかしいですよね？

このように、他者との比較を持ち出してどうこういう必要はないし、ただ自分で決めた

「ものさし」で、自分ができることに集中すればいいということです。

短所も同じです。一般的には、「ほかの人に比べて劣っていること」としてとらえるほうがわかりやすいのかもしれません。でも、たとえば「あなたの短所は気が短いことだ」といわれたとして、ある観点から見ると、それは「判断の時間が短い」と見ることもできます。むしろ判断が早いから、すぐ結果が出ないことに対して腹を立てがちなのかもしれません。

要するに、気が短いことは短所なのではなく、アンガーマネジメントができていないことが、ひとつの「課題」だということだけなのです。

もちろん、まわりの人とコミュニケーションするうえで賛同を得られない行動は、短所とみなされることはあります。言葉の選び方が攻撃的だったり、他者に対して共感性が欠如していたり、たとえ法律で罪に問われなくても相手を傷つける行為をした場合は、短所といえるでしょう。

だから、誰かに短所を指摘されたときは、なにをもって短所とされているのか、自分をメタ思考したほうがいいということです。そして、**たいていの場合、短所と指摘されることは、「ものさし」を変えれば、短所でもなんでもない**と知ることができると思います。

メンタルが弱っている日は自分に甘くする

なるべく自分ができることだけをやるようにして、やりたくないことやポジティブな気持ちになれないことはやらない。そんなふうに我慢をやめて、嫌いなことを意識的に避けていけば、ストレスから解放されていきます。そして、少しずつメンタルも安定していきます。

メンタルがある程度安定しても、身体が疲れているときもあれば、まわりの環境がよくないときもあります。どうしてもイライラしたり、心配事がある中で働かなければならなかったりと、無理をする状況もあるでしょう。

ただ、環境を整えることも大切ですが、そもそもメンタルが安定していなければ、本来の力は出せませんから、メンタルを安定させることは、自分のベストの結果を導くための前提条件といえます。

そこで、そんなときに心がけたいのは、「**自分に甘くなったほうがいい**」ということです。心が安定していないのだから、本来の力が発揮できなくてあたりまえ。それを理由に自分を責めていてもあまり意味がないのです。

自戒を込めていうと、僕は昔から自分に対して厳しい性格でした。でも、自分に厳し過ぎると、あまりハッピーにはなれないのです。なぜなら、**自分で自分を追い込んでいくことになり、余裕がどんどんなくなっていく**からです。すると、結局は選択肢も減っていき、メンタルを安定させるための行動を起こしづらくなってしまいます。

だから、なにかに失敗したり、うまくいかなかったりしたときは、「そりゃ、そうだよな。今心配事だらけだもん」と考えて、**自分に甘くなって、そんな自分を認めてしまうのがいい**と思います。まず心配事や心の重荷を減らしていくことに集中したほうが賢明ということです。

ビジネスに関しても、できることをやったうえで、そのあとは**ダメならダメでいいかと開き直ることも大切**です。売り上げが未達だったり、商品開発が間に合わなかったりすることもあるでしょう。でも、それだけで人生は壊れないし、仕事も急にはなくなりません。

だからこそ、ある意味では「なにが起こっても別にいいじゃないか」くらいに思って、自分自身でメンタルをラクにしていくマインドセットを持つことはとても大切なことなのです。

もちろん、これもいき過ぎると、すべてに「別にどうなってもいいや」と思ってしまい、逆に仕事に向かえなくなってしまうので、バランス感覚は必要でしょう。でも、不快な気持ちを抱えながらやっていては、うまくいくこともうまくいかなくなります。

ひとつのアイデアとして、**心が少し不安定なときは、仕事をあえて「ゲーム」として取り組む**のもいいかもしれません。「うまくいったら世の中でハッピーになる人が増える」というゲームにしてしまうのです。ゲームだから高得点を狙って真剣に取り組みますが、クリアできなかったからといって、人生も世界も終わらない。そんな余裕を、あらかじめ心に持たせておくイメージです。

よく耳にする成功体験の中には、「退路を断ったからうまくいった」「不退転の覚悟で取り組んだ」などという表現やエピソードがありますが、そんなことをすると、かえって精神的に安定しない状態を生み出してしまうことがあるので、僕はそこまで仕事で自分を追い詰めないほうがいいと考えています。

さらに、もし自分で今メンタルが安定していない、不安定だと感じるときは、**クリティカルな判断を先送りするのもひとつの手**だと思います。もちろん、ビジネス環境は刻々と変わるため、先送りする判断によって、さらに状況が難しくなる可能性があることは否めません。

しかし、61ページでも触れましたが、余裕がなくなると、人はとんでもないミスをおかしかねません。とくに経営をしている方は、資金がショートしかけている、競合が強力な手を打ってきた、重要な顧客を失った、社員がスキャンダルを起こしてしまった……といった強い不安や心配事があるときに、本来なら絶対しないような判断ミスをすることがよくあります。そうしてパニックになることで、さらに余裕がなくなり、ますます悪循環に陥ってしまうことは、けっして珍しいことではないのです。

元気なうちにメンターをつくっておく

しかし、なにかにつまずいたときでも、心に少しでも余裕があれば、パニックにならずにその状況を受け入れようとすることができます。「思っていた結果と違った」「ならばほかの手を試してみようか」と、次の行動を試していくことができるのです。

そこで、つまずいたと思ったときは、**まず自分の気持ちにどれくらいのゆとりがあるかを確認したほうがいい**と思います。まさに、メタ思考ですね。

僕の場合、明らかにミスをしたと思ったときに取る行動は、「**落ち着くまで待つ**」です。「やっちゃった！」という状態のまま下手に行動しても、さらに違うミスを引き起こす可能性が高いからです。

それよりは、「いいや、ちょっとしばらく置いておこう」と考えたほうが、健全な結果につながりやすいと経験から感じています。


なにもしないのも不安だし、勇気がいるという人もいると思いますが、つまずいたときになにかをするのは、ともすると、災害が起きてから防災訓練をするような本末転倒になりかねません。

そこで、「**元気なうちに準備しておく**」**ことがポイント**になります。以前X（旧Twitter）で、「健康は金で買える。ただし、健康なうちだけ」という投稿を見たことがありますが、言いえて妙。健康なうちに動くことが大切です。

180ページで、ふだんから信頼できる相談相手を持っておくことをおすすめしましたが、自分が元気なうちに「メンター」をつくっておくことも考えてみてください。ピンチに陥ってから、急に都合よく、信頼できる相談相手が見つかるなんてことはありません。

誰かに相談しても解決策が必ず見つかるとは限りませんが、少なくとも**問題をひとりで抱え込まなくなり、「自分はひとりではない」と思えるだけでも、かなり気持ちがラクになる**はずです。そうして人に話をすることで、置かれた状況を客観的に認識、整理できるようになり、次の手のアイデアにつながっていくわけです。

ちなみに、この領域のスペシャリストのひとつの例が、スナックのママではないでしょうか？　僕の友人に、東京都港区で「昼スナックひきだし」を営む、「紫乃ママ（木下紫乃さん）」という人がいますが、彼女の本業はスナックのママではなく、昼スナックという形態で、いろいろな人の悩みを聞く活動をしている方です。

本業はキャリアコンサルタントや企業研修設計であり、『昼スナックママが教える45歳からの「やりたくないこと」をやめる勇気』（日経BP）という本も出されています。うわさがうわさを呼んで、ビジネスパーソンがよなよな……ならぬ、昼間にそのスナックにやってきて、さまざまな悩み事をシェアしていくそうです。

彼女自身いろいろな人生経験をしているため、話していると本当にうなずくことばかりで、こんな人が相談相手になってくれるなら、とても心強いだろうなと思わせられる魅力を持った方です。

仕事は、人間関係はもとより、自身の生活や人生と密接に絡んでいますから、そんなことを**率直に相談できる人やカウンセラー、あるいは場所なりを、元気なうちにつくっておく**ことをおすすめします。

自分の弱点は周囲に助けてもらう

自分が**精神的にへこんだときに「どのくらいで元に戻るのか」を、経験をもとに把握しておく**のも、とても役に立ちます。それを知っていれば、元に戻るだけの時間をスケジュール上で空けておくことができるからです。

そして、できればそれを**信頼できる相談相手やメンターとシェアしておく**のです。

落ち込んでいるときは、しばらくそっとしておいてもらうことも大切です。

そんなときに、「自分はこのくらいで元に戻るから」とあらかじめ伝えておけば、まわりの人に事情がわかり、コミュニケーションがおかしくなることもありません。

もし、それをシェアしていなければ、まわりの人はよかれと思って、きっといろいろと世話をしてくれたり励ましたりしてくれるでしょう。でも、へこんでいるときは、そんなことが精神的な負担になるものです。ましてや対応が雑になってしまうと、「せっかく気にかけたのに！」と相手が気分を害して、人間関係もおかしくなりかねません。

そんな面倒な事態も、あらかじめきちんと自己開示しておくだけで防ぐことができます。心が弱っているときに、あれこれ細かいことを考えるのは負担ですから、これもまた事前に準備しておくわけです。

自分の少し弱い部分や、悩んでいることなど、いえる範囲で信頼できる人にシェアしておくと、いざというときにいろいろなかたちで助けてもらえます。

たとえていうと、「自分の家の鍵を預けておく」という感じでしょうか。家の鍵を預けるのは少し勇気が必要ですが、信頼して預けておけば、自分になにか面倒なことが起きたときに、いろいろなことで頼りにできるということです。

それはまた、自分の弱点の対策にもなります。忘れっぽい、思い込みが強い、すぐ道に迷うなど、弱点というものは本当に人それぞれです。よく「自分の弱点を自覚していればミスは防げる」などといわれることがありますが、僕自身は、残念ながら自分の弱点から生じるミスはそうそう防げないと感じています。

弱点というのは、自分の本質や特質から生じるものであり、それらを完全になくすことはなかなか難しいものだからです。

でも、そんな弱点をあらかじめシェアしておけば、たとえミスが生じても、リカバー「してもらう」ことは可能です。

たとえば、僕の場合は、本当によく道に迷うので、「僕は方向音痴でたどり着けないこともあるんだ、よろしくね」と、自分の弱点をシェアして、助けてくれる人に積極的にアウトソーシングしています。自分に余裕がない状態で苦手なことをやるよりも、助けを借りたいと伝えておくことが一番いいリスクヘッジになるからです。

もちろん、自分もまた相手から弱点をシェアしてもらい、できるだけ助けることを心がけています。そうして、**自分のことを率直に開示し合える関係が少しでもあると、気持ち**

がとてもラクになるはずです。

さらにいうと、どんどん予定が詰まったりトラブルが続いたりして心に余裕がない状態になってきたら、**最後のひと踏ん張りの力は、「助けて」ということに使ってください。**

最後の力は、困難に抗うために使うのではなく、他者を頼るためのメッセージを出すのに使ったほうがいいということです。

本当はピンチのときに「助けてほしい」と早い段階でいえればいいのですが、人に助けてもらうのはよくないという思い込みがあり、自分ひとりで「なんとかしなくては……」と踏ん張っているうちに、どんどん追い詰められていき、最後にぽきっと折れてしまう場合があります。

本当に追い詰められたとき、人の視野はどんどん狭くなっていくのでしょう。でも、泥沼の中でもがいても沈んでいくだけなら、もがくことでエネルギーを使い切ると死んでしまいます。最後の力は、人に助けを求めるために使うこと、これは働くすべての人に必ず覚えておいてほしいと思います。

「それってそんなに大事？」

ここまで、メンタルが安定しないときに試してほしいストレスのコントロールについて、いくつかの考え方と具体的な方法をお伝えしました。

会社や組織に所属するビジネスパーソンの場合、出社すると、まわりに頑張っている人たちがたくさん目に入るので、いわゆる同質性の罠にはまってしまうのは起こりがちなことだと思います。

「みんなしんどくても頑張っているんだから、自分も頑張らなければ」

そんなマインドセットになってしまうわけです。

そこで、まず自分の中で、**前もって自分なりのアラームを設定しておく**ことが大切です。

「ちょっとしんどいかも」「今の状況はあまり快適じゃない」と感じるときは、**いったん立ち止まってみる**。そして少し休んでみて、きちんと回復するかどうかを見てみるのがいいでしょう。

そうすると、「あ、やっぱりしんどかったんだ……」と気づけることもあるし、あまり状態が変わらないなら、別の理由を探せるし、より適切な対処をすることができます。身体的な症状があるなら医師にかかる必要があるし、客観的な視点を持ったカウンセラーに相談しても効果があるかもしれません。

ポイントは、自分が所属する会社や組織をはじめ、同質性の高い集団の中に相談者をつくらないことです。

そうではなく、むしろ**自分がふだん接している人たちがいない場所に、メンターや相談相手を用意しておくこと**がとても重要です。

多くの人は、自分と同じ組織内にメンターをつくろうとします。でも、そうすると、結局は組織のロジックのほうが優先されてしまう。「こうすればこの仕事が頑張れる」「こうすればプロジェクトがうまくいく」などと、あくまで仕事を中心にしたアドバイスになりがちなのです。

それよりも、まったく違うコミュニティにいる人や、気の合うオンラインサロンのメンバーなどに相談に乗ってもらったり、意見を交換し合ったりするのがいいと思います。

普段の自分が所属していない「外」にいる人に相談すると、ときに「**それってそんなに大事？**」といわれることがきっとあります。

「それってそんなに必死になってやることかな？」と不思議がられたときに、人によってはふと力が抜けて、自分が置かれた状況を客観的に見つめることができると思います。「あ、やっぱり変かな？」と思える自分がいるなら、**一度その場所から身を引いてみる選択肢もあり**でしょう。

逆に、「いや、これはわたしにとってやっぱり大事なんだ」と思う場合もあるかもしれません。あらためてそう心から思えるのなら、もうひと踏ん張りするという決断もできます。

メンターのいうことが正しいかどうかは別として、自分とは違う集団に所属する第三者の視点を意図的に取り入れていくことで、自分の思考が整理される貴重な機会をつくることができます。

ネガティブ思考は悪くない

悲観的な思いや考えにとらわれることで、ストレスをためがちな人も案外多いと感じます。たとえば、自信が持てないとか、将来の仕事や生活が不安だという、ネガティブな思いを持ってしまう場合です。

でも、こうした状態を改善しなければいけない、直さなくてはいけないなどと無理して思わなくてもいいというのが、今の僕が至った結論です。

むしろ、**今の自分ではコントロールが難しいことは、「そういうもんだ」と保留しておけばいい場合も多い**のです。

たとえば、「あと10㎝背が高かったらなあ」と思っても、簡単には解決できませんよね？たいていの人はあきらめます。「そうだったらいいのに」とは思うけれど、結局は、「そんなこといっていてもしょうがないか」となるのがオチです。そうやって自分でも気づかないうちに、人は実に多くのコントロールできない問題に対して保留し、心のバランスを取っているのです。

なかには、ネガティブなことをポジティブにとらえ直すことに向いている人もいると思います。でも、それに向かない人もいる。風邪をひいたら、軽くジョギングして汗を流せば治るという人もいれば、その真似をしてさらに悪化させる人もいます。

心の問題も同じことです。それらは個人差がとても大きいため、なにより「**自分にとってなにが最適なのか**」**を探ること**がとても重要なのです。

そのためには、異質なコミュニティに属する人たちから新たな気づきを得るのでもいいし、プロの手を借りるのもひとつのアプローチです。とにかく、心の問題だからといって、なんでも自分で解決しようと思い過ぎないことです。

心の問題はつい自分で変えられると思いがちですが、うまくいかないと、「あの人に比べてわたしは……」と、変えられない自分をダメなように感じてしまいます。

だからこそ、第2章で繰り返し述べたように、「自分と他者は違う」という事実をメタ思考しておかなければ、なかなか解決には向かいません。

すでにネガティブに感じてしまっているのだから、それをポジティブに受け取れないのはあたりまえなのです。ポイントは、ネガティブなものにただ飲み込まれるのではなく、

「わたしは質が違うのだ」と考えていくということです。

自分を「ご機嫌」にする方法を持っておく

「自分と他者は違う」という事実に向き合えば、必然的に「己を知る」ことにもつながります。

「己を知る」ことの中でも、僕がとくに大切だと思うのは、**自分がどんな状態だと機嫌がよくなるのか、自己分析をしておく**ことです。僕はよく「**自分をご機嫌にする方法**」なんて言い方をしています。

自分が「ご機嫌」になる状態を知っておくと、ネガティブなことがあったり、悲観的な思いにとらわれたりしたときでも、その状態から自分を引き離す行動をすぐに取ることができます。

たとえば、お気に入りの音楽を聴くのでもいいし、車を運転するのでもいいし、好きな場所に身を置くことでもいいでしょう。大切なのは、自分が「ご機嫌」な状態に戻れる手段を、あらかじめ知っておくということ。

ちなみに僕の場合は、自分が「ご機嫌」で過ごせる場所を、あらかじめいくつか用意しています。なかでも、自分の事務所はお気に入りの場所で、そこで仕事をするとたいてい「ご機嫌」に過ごせます。

事務所ではできる限り床に物を置かないようにして、平面がたくさん見えるようにしています。そのように視覚的に整理された状態をつくっていると、それだけでも気持ちが落ち着いてメンタルヘルスにとっていいそうです。

そこで、スピーカーなども直接床の上に置かず、透明のラックを用いて一段上げる工夫をしています。また、机の上も同じく透明のラックなどで一段上げて、スペースを広くしています。すると、たとえいろいろと物を置いていたとしても、それなりに平面が見えて、視覚的に「ご機嫌」な状態になれるというわけです。

自分がどんな時間の過ごし方をすれば一番ハッピーになれるのか、あらかじめその状態を知っておくと、比較的ラクにメンタルの状態を整えることができるのです。

外見を変えることでもたらされるもの

ほかには服装や髪型などの外見やスタイルから、メンタルをいい状態に整えていくアプローチもあります。**自分が気に入った服を着るだけでも気分が上がるし、個性的な服装にすれば、相手に与える印象を変えることも簡単**です。ちょっと違うかなと思ったときはすぐ元に戻せばいいわけですから、とてもコスト・パフォーマンスがいい方法なのです。

ヘアスタイルも同様です。ちなみに、僕は会社勤めをしていた頃からロングヘアにしていたので、仕事ではじめて会う人たちによく驚かれました。とくに日本では、男性のビジネスパーソンはある程度短く髪をカットすべしという、誰が決めたのかわからない暗黙の了解みたいなものがありますからね。

ただ僕は、「ご機嫌」になるために髪を伸ばしはじめたわけではなく、ある年、例年より長めに山にこもってスキーを楽しんでいたら、シーズン終わりに髪がいつもより少し長く伸びてしまった、というだけなのです。やれやれと美容室に向かったところ美容師さんに「天然のウェーブが綺麗だから、このまま伸ばしたら？」といわれ、じゃあ、試してみよう、というのがロングヘアのきっかけでした。冬は毎年スキーにばかり行っていて、いつも髪は伸ばしっぱなしだったこともあって、同僚たちからもとくに何も言われず、そのままにしていたらロングヘアになった、というわけです。

偶然の産物とはいえ、今のヘアスタイルに変えてから、人生はポジティブに変わっていったと思います。

ビジネスパーソンとしては目立つヘアスタイルなので、人によってはポジティブな印象や影響を与えることができました。そんな個性に対して、まわりの人の「期待感」のようなものが増すこともあったように感じます。

一方で、責任が増えたり、必要以上に批判する人が現れたりすることもありました。でも僕は、そんなことを恐れる必要はないと考えています。

だって、もしなにかミスをしてしまっても、**そのミスに対して謝ったり、対処したりすればいいだけの話で、ヘアスタイルとはまったく関係がない**ことだからです。「ミスなんてするなら、髪を伸ばしたり、染めたりしている場合じゃないだろう」などという指摘を受けたりしませんか？　と心配されたりするのですが、そもそも仕事と髪型には何の関係もないはず。何かにかこつけて恥をかかせようとしたり、外見を批判したりするのは、ちょっと下品な行為ではありませんか？

ただし、人によって、現実にネガティブなイメージを与えてしまう可能性があることは認識しておきましょう。男性のロングヘアを受け入れられない一部の人間がいることは、僕が一番よく知っています。他者の価値観ですから、これも自分の力ではコントロールできません。

そのうえで、本書ではあえて、みなさんにこう問いかけたいなと思います。

そんなまわりの人や環境に合わせて、ずっと生き続けるのですか？

自分の好きなスタイルでいれば、まわりの期待感が増すことで、より仕事に身が入る場合もあるでしょう。なにかいわれたとしても、ただ反発するのではなく、うまく受け流す術を身につけることもできるかもしれません。

場合によっては、いろいろ言ってくる人に対して、「あなたもしてみたらどうですか？」「個性を活かしたほうが絶対似合いますよ！」などと、逆にこちらからプロデュースしてあげることも可能です。

僕のヘアスタイルで職場に自由な空気が生まれたことも事実です。我々は仕事に対するプロフェッショナルであり、外見や服装をとやかくいうようなチームではないという賛同者も増えていきました。

他人はコントロールできませんが、自分がよりよく変わっていくことで、まわりの環境に対していい影響を与えることはできるのだと思います。

睡眠は投資効果がかなり高い

心と体にストレスをためないために、運動や睡眠、食事、ライフスタイルの見直しなどをされている方も多いと思います。どれも大事なことですが、僕は睡眠に関しては、オーダーメイドの枕を使うなどして、以前からかなり投資してきました。

今使っている寝具は、「ブレインスリープ」の枕と布団のセット。きっかけは、あるピッチイベントでメンタリングをしていたときに、生徒さんのひとりがブレインスリープのアンバサダーをされていて、試しにひとついただいたのです。使ってみるととても心地よかったので、他の拠点でも使えるようにいくつか購入してしまいました。

安価なものではありませんが、**睡眠で体調がすこぶるよくなるのなら、コスト・パフォーマンスはとてもいい**といえます。マッサージ、エステ、サウナなどもいいのですが、睡眠は毎日のことなので、そこにある程度のコストをかけるのは、合理的だと考えているのです。

寝る環境を整えるだけでなく、僕は**スケジュールを立てるときも、まず睡眠時間を引いてから考える**ことを鉄則にしています。具体的に僕の場合は、睡眠時間の7時間を差し引いた状態から、すべてのスケジュールを組むようにしています。

睡眠時間を削ると、そのぶんだけ活動時間は増えるわけですから、多くの人はつい睡眠時間を削ってしまいます。ですが、睡眠時間を削ることは、絶対にやってはいけないと僕はアドバイスしています。

睡眠を削るのは、体内の修復と回復のプロセスを省くことですから、人間の自浄プロセスのもっとも基本的な部分を削ることになり、これはすべて悪い影響としてあとで返ってきてしまいます。眠り過ぎの人はさておき、**睡眠を削ることで体の調子がよくなることは**

ないし、結局のところ生産性もたいして上がりません。睡眠を削っていいことはなにもないのです。

ただし、どうしてもスケジュールが詰まっていたり、流動的なときがあったりするのも事実でしょう。そんなとき僕は、就寝時間をうしろに多少ずらすことは許しています。本来はそれもあまりよくないのですが……なかなかスケジューリングが難しい面もあり、とにかく自分が快適に起床できる7時間という睡眠時間だけは必ず確保するように心がけています。

SNSとのストレスフリーなつき合い方

昨今、多くの人がストレスを感じる主要因にもなっている、SNSについても触れておきます。最近はメンタルヘルスの観点から、スマホ断ちやSNS断ちなどが広まっていますが、僕の場合は、多様な情報に触れるという意味でSNSはかなり使っています。

ただ、自分にとってノイズとなる情報が多いのは否めません。やはりSNSの使い方にはコツが必要で、僕は基本的に、自分が気になるものだけを自分の意思で見ることを心がけています。

SNSは、そもそも情報がどんどん流れてくる設計ですから、それらはひととおり目に入ってきます。でも、**あくまで主導権は自分にある**ことからぶれないようにして、自分に必要な情報だけを取っていくと意識するだけでも、SNSの使い方は変わります。

また、**流れてくる情報のほとんどは自分には関係ない**ということも意識してみてください。

SNSを見ていると、ついつい「これは気になる」「これは知っておかねば」という気持ちになりがちですが、よく考えてみると、自分にはあまり関係ないことだったというケースがとても多いのです。

もちろん、X（旧Twitter）やInstagramなどのプラットフォーマーはそんな人間の「知りたい」「気になる」という脳の仕組みを熟知してサービスを開発しており、それらが経済的価値を生み出すことを総称して「**アテンション・エコノミー（注意経済）**」と呼ばれています。人の関心や注目がお金になる、という仕組みのことです。文字より写真、写真より動画、とSNSの機能もどんどん刺激が強くなっていくのは、より人の注目を集めようとしているからでしょう。

そうした基本知識を押さえつつ、そもそもＳＮＳの前提として、ほとんどの情報は自分には関係がないと意識していると、ノイズが入ってきても「いろんな考え方をする人がいるんだな」くらいに思って、そのほとんどを流せるようになっていきます。

具体的な手がかりとしては、まず**「主語が大きい」情報には注意しましょう。**

最近の政治やジェンダーなどの話題に多いですが、「日本は○○だ」「女性は○○を求めている」などという情報が流れてきたときに、それらが自分に深く関係するかというと、たいして関係しない場合が多いのです。

もちろん、属性が一致するなど、少しは関係する情報だから気になるわけですが、事実かどうかがわからず、自分にさほど関係もないのなら、そんな情報に対していちいちカチンときたり、心をかき乱されたりしてしまうのはバカバカしくありませんか？　なにかの主張に対して腹を立てたり、ものをいいたくなったりするのは人間の性ですが、本来メンタルが整っていれば、「ま、世の中にはそういう意見もあるよね」というだけの話で終わるはずです。

このように、ＳＮＳでは、「自分が関係したいと思うことだけに時間を使う」ことを心がけるのがコツです。そして、繰り返しになりますが、たいていのことは自分には関係がないことなのです。

ある情報を手に入れるときに、それが事実であるかどうかという、情報の信頼度の問題もあります。これについては、僕は、**自分が同じ情報を発信する立場になった場合をメタ思考して判断する**ようにしています。

どういうことかというと、自分が発信する立場になると、必然的にその情報に関してまわりから質問や批判を受けるわけで、それに対して胸を張って答えられるかどうかを考えると、情報の信頼度をある程度はかれると見ているのです。

たとえば、情報ソースが脆弱であったり、ロジックが曖昧だったりする情報だと、胸を張って答えられないわけですから、その情報は信頼度が低いとみなすわけです。

気をつけたいのは、自分がシェアする立場になったとき。たとえば、情報ソースが「ニューヨーク・タイムズ」であれば、その情報の信頼性は高いかもしれませんが、事実とは言い切れません。**すべての情報には発信者の意図や解釈、バイアスが入っている**からです。

オピニオン記事であるならなおさらです。

もっというと、SNSで情報に触れるときに関しては、事実であるかどうかは基本的に重要ではないと僕は考えています。要するに、「ニューヨーク・タイムズにこういう情報があった。わたしは興味を持った。以上」で終わればいいのです。

SNSを見るときは、常に自分に主導権があることを自覚し、「わたしは○○に興味を持った」「わたしは○○が事実だとしたらうれしい」「○○が事実だとしたら、わたしは行動を起こしたい」というように、あくまで「わたし」を起点にして使っていけばいいのだと思います。

わたしたちは、ついつい事実や正しさを求めがちですが、事実や正しさはたくさん存在します。だから**事実や正しさを主張する情報にそのまま取り込まれるのではなく、それらの情報を「自分はどう思ったか」「どう考えるか」を、「わたし」の意見として発信していけばいい**のだと思います。

フェイクニュースの海で溺れて無用なストレスにさらされないためにも、自分がその情報の発信者になったイメージでメタ思考し、情報を厳しく検証しながら、扱ってほしいと思います。

立ち上がり、外へ出て、空を見上げる

本書の最後に、僕が気分を切り替えて、メンタルをリフレッシュさせるためにいつもおこなっている、とてもシンプルな習慣を紹介しましょう。

それは、今座っているとしたら、まずは「立ち上がる」こと。

屋内にいるとしたら、「外へ出る」こと。

外へ出たら、できる限り「空を見上げる」ことです。

そのように意識して見える景色を変えて、新しい空気を吸い込むと、不思議と心に余裕が生まれて清々しい気持ちになれるはずです。

メンタルヘルス関連の書籍で必ず言及されますが、空を見上げたり、日光を浴びたりすると、脳内の神経伝達物質であるセロトニンの分泌がうながされて、うつ病などの予防にも効果があるとされています。

ちなみに、僕の事務所には屋上があるので、僕は疲れたときや心が晴れないときなどには、必ず空を見上げるようにして心をリフレッシュさせています。

また、千葉県の田舎にも1軒、古い家をリノベーションした拠点を持っているのですが、そこで見上げる空はもう本州とは思えないくらい広いのです。ビルはおろか建物自体がなく、ちょっと視線を上げるだけで、空以外はなにも見えないような土地なのです。

もちろんどんな場所でも角度によって、空はどこまでも空ですから、街に住んでいても、空を見上げることは簡単にメンタルヘルスを維持できる方法になります。

頭の中に入れる情報を減らすことはとても重要です。**文字情報がまったくない状態や時間をつくると、脳はとてもスッキリします**。だから、空や海を見ていると落ち着くのでしょう。

ちなみに僕は、J－POPをほとんど聴きません。なぜなら、日本語の歌詞は、聴いた途端に脳が情報として処理しはじめてしまい、聴くごとに頭の中が言葉や意味でいっぱいになっていく感じがするからです。逆に洋楽だと、リズムに乗った英語の歌はなかなか聴き取りづらく、ただの音として入ってきてリラックスして聴けるようです。

ビジネスパーソンとして、新しい情報を取り入れるためのアンテナは常に立てていますが、逆に情報を処理しなければならない状態が増え過ぎると、思考がどんどん固くなり、脳が目詰まりを起こしたかのような状態になってしまいます。

そこで、**ときどき意識的に脳へのインプットをオフ状態にして、常に余裕を持たしておく**ことが必要だと感じます。

本書で一貫してお伝えしてきたのは、自分の中にある種の「余裕」を持たせておく必要性です。

結局のところ、余裕がなければビジネスやマネジメント、人間関係の状態を客観的に俯瞰することができないし、問題や課題に対して適切なアクションを取りづらくなります。

余裕があるからこそ、メタ思考ができ、「外のものさし」で自分を眺めることができます。

今の自分の「外」には、まだ見ぬ新しい、よりよい自分がいるかもしれません。

だからといって、今の自分をむやみに否定せずに。

ときに空を見上げながら、軽やかな気持ちで、一歩ずつ前へと進んでいきましょう。

おわりに

自分らしく生きるために

最後までお読みいただきありがとうございます。本書では、今みなさんのまわりにある既存の世界の中で、ただ競争に明け暮れたり、自分が本当にやりたいことを我慢したりするのではなく、新しい視点をもって、より自分らしく生きるあり方を提案してきました。

僕自身、本書で紹介した「エイリアス」という概念を活かしたスタイルで生きるようになってから、自分が面白いと感じることに正直になり、また気持ちをラクにして生きられるようになりました。みなさんにも、ぜひこの清々しさを味わってほしいと思います。

さて最後に、みなさんには、本書に書かれていることもメタ思考してほしいという提案をしたいと思います。どういう意味かというと、**他者の方法論の「外」へ出るという意識を持つ**ことの大切さです。

本書で述べたのは、僕自身がこれまでのビジネスパーソンとしての経験をもとにたどりついた、自信を持っておすすめできる考え方と具体的方法です。

ですが、みなさんには、そんな僕の考え方にも振りまわされないでいてほしいのです。あくまでひとつの参考材料として、みなさんがハッピーに生きるための素材として活用し、メタ思考して、アップデートしていってほしいと思います。


世の中には、「こうすればいいですよ」「こうするとうまくいきますよ」と喧伝する情報や商材が多くありますね。でも、そうしたものに極端に頼ってしまうと、僕はその方法論をつくった人に「たかられる」と考えています。

これはつまり、**「手段を目的化」した本末転倒な状態**です。

たとえば、世の中には「お金持ちになる方法」があふれていますが、お金の本質は、経済活動をする上での手段に過ぎません。大切なのは「なんのために」お金を持つのかということのはず。その部分が抜け落ちると、ただお金を稼ぐことが目的になり、手段を目的化する人たちに簡単にせびられてしまうというわけです。

大切なのは**自分で選び、自分で考え、自分がハッピーになれるあり方を、自分で見出していくこと**です。僕は今後も自分の考えを広くシェアしていきますから、ぜひ自らの生き方を考えるためのひとつの材料として、自由に活用いただければと思います。

本書を手に取ってくださったみなさん自身の選択が、よりよい人生につながれば、これほどうれしいことはありません。

最後に、お礼を言いたい方々をご紹介させてください。

澤に声をかけてくださり、最後までずっと並走してくださった大和書房の白井麻紀子さん、本当にありがとうございました。とても楽しい本づくりの時間を過ごすことができました。

そして、いつも澤のプロデュースをしてくださる、岩川悟さん。今回も見事なプロデュース力を発揮くださり、大変心強かったです。

そして、澤以上に澤のような文章を書いてくださる辻本圭介さん、この本の文章も最高でした。

最後に、僕の応援をいつもしてくれるかみさんにも心から感謝を。奈緒さん、ありがとう。

２０２３年９月

澤　円

澤　円（Madoka Sawa）
株式会社圓窓代表取締役。元マイクロソフト業務執行役員。
立教大学経済学部卒業後、生命保険会社のIT子会社を経て1997年にマイクロソフト（現日本マイクロソフト）に入社。情報コンサルタント、プリセールスSE、競合対策専門営業チームマネージャー、クラウドプラットフォーム営業本部長などを歴任し、2011年にマイクロソフトテクノロジーセンターセンター長に就任。業務執行役員を経て、2020年に退社。2006年には、世界中のマイクロソフト社員のなかで卓越した社員にのみビル・ゲイツ氏が授与する「Chairman's Award」を受賞した。現在は、自身の法人の代表を務めながら、武蔵野大学専任教員、スタートアップ企業の顧問やNPOのメンター、またVoicyパーソナリティ、セミナー・講演活動を行うなど幅広く活躍中。2020年3月より、日立製作所の「Lumada Innovation Evangelist」としての活動も開始。著書に『マイクロソフト伝説マネジャーの世界No.1プレゼン術』（ダイヤモンド社）、『個人力　やりたいことにわがままになるニューノーマルの働き方』（プレジデント社）、『「疑う」からはじめる。これからの時代を生き抜く思考・行動の源泉』（アスコム）『「やめる」という選択』（日経BP）、伊藤羊一氏との共著に『未来を創るプレゼン　最高の「表現力」と「伝え方」』（プレジデント社）。監修に『Study Hack!　最速で「本当に使えるビジネススキル」を手に入れる』（KADOKAWA）などがある。

メタ思考《しこう》
「頭《あたま》のいい人《ひと》」の思考法《しこうほう》を身《み》につける

2023年　10月　31日　第1刷発行
2024年　10月　15日　第8刷発行
著　　者　澤《さわ》　円《まどか》
発 行 者　佐藤　靖
発 行 所　大和《だいわ》書房
東京都文京区関口1-33-4
電話　03-3203-4511
ブックデザイン　山之口正和＋齋藤友貴（OKIKATA）
編集協力　岩川悟（合同会社スリップストリーム）＋辻本圭介
本文印刷所　信毎書籍印刷
カバー印刷所　歩プロセス
製 本 所　ナショナル製本

ISBN978-4-479-79793-7

乱丁・落丁本はお取り替えいたします。
http://www.daiwashobo.co.jp